Adolescentes:
Quien ama educa

Içami Tiba

Adolescentes:
Quien ama educa

AGUILAR

FONTANAR

Título original: Adolescentes: Quem ama, educa!
© 2008, Içami Tiba

De esta edición:
D. R. © Santillana Ediciones Generales, S.A. de C.V., 2009.
Av. Universidad 767, Col. del Valle.
México, 03100, D.F.

Primera edición: julio de 2009
ISBN: 978-607-11-0260-7
Diseño de colección: Jesús Acevedo
Adaptación de cubierta: Carolina González Trejo y Dení Rico Mateos
Traducción: Blanca Luz Pulido
Cuidado de la edición: Dení Rico Mateos

Impreso en México

Índice

Agradecimientos

Los libros son semillas que el destino lleva por caminos que el autor desconoce:

Si caen en terreno fértil, germinan y dan nuevos frutos.

Los frutos atravesarán transformaciones evolutivas de acuerdo con el terreno, el clima y el agricultor.

Así, los frutos serán diferentes entre sí y podrán generar semillas diferentes de las originales.

Ésa es la magia de los libros: cada lector cortará el fruto que quiera.

Agradezco esta oportunidad de sembrar el bien, que es mi manera de retribuir los beneficios recibidos de incontables personas que me han ayudado.

Doy gracias a mis maestros, mentores y alumnos quienes han contribuido a mi formación; a mis familiares, que tanto me han estimulado y estimulado con mis obras; a mis amigos y colegas, terapeutas y pacientes, conferencistas y público que, al intercambiar ideas conmigo, han propiciado el enriquecimiento de nuestras semillas; a los autores, no sólo a los que incluyo en la bibliografía, sino a tantos otros que me han aportado valiosos aprendizajes; y a los íntimos y lejanos lectores y televidentes que me han abordado en aeropuertos, fiestas, tiendas y calles, para compartir lo que mis obras les han dado.

En mi corazón viven: mi esposa, M. Natércia; nuestros muy queridos hijos André Luiz, Natércia y nuestra pequeña Luciana; Juliana, mi nuera favorita y Maurício, mi yerno favorito; y nuestros lindos nietos, Eduardo y Ricardo, frutos de la unión entre Mauricio y Natércia.

Atendiendo a pacientes de sol a sol, dando conferencias por todas partes, participando en programas de televisión, atendiendo más a la vida familiar que a la social, ya "no tenía tiempo para nada más". ¿Cómo podría escribir otro libro, éste, el número dieciséis de mi lista?

En este punto, intervino mi amada M. Natércia, ella organizó la gestación y el parto del libro. Encontramos una expresión agradable para informar a toda la familia que estaba escribiendo y, por lo tanto, no debía ser interrumpido: "Tengo una cita con mis lectores." Hasta mi nieto Dudú, en el auge de la inteligencia y creatividad de sus tres años, cuando pasaba cerca y me observaba teclear en la computadora, me miraba y asentía con la cabeza, con la expresión de quien comprende todo. Incluso podía escuchar a su cerebro pensando: "Mi abuelito está platicando con su lector. ¿Verdad?"

Dedicatoria

Me tomó por sorpresa el resultado de la investigación realizada en marzo de 2004 por el Instituto Brasileño de Opinión Pública y Estadística (IBOPE), entre los psicólogos del Consejo Federal de Psicología. Los encuestados eligieron a los profesionales de la salud mental que más admiraban, o a quienes tomaban como punto de referencia. Los resultados fueron:

Primer lugar: Sigmund Freud.

Segundo lugar: Gustav Jung.

Tercer lugar: Içami Tiba.

Otras posiciones principales: Carl Rogers; Jaques Lacan; Melanie Klein; Donald W. Winnicott.**

Yo pensaba que mis lectores eran, básicamente, padres y educadores, así que recibí con inmenso placer la noticia, valoro la oportunidad de participar en la responsabilidad de apoyar el trabajo de los multiplicadores del bien, para promover la salud y la calidad de vida del ser humano en la familia, el trabajo y la sociedad.

** Los datos se publicaron en el *Jornal de Psicologia* número 141, edición julio/septiembre de 2004, del Centro Regional de Psicología de São Paulo (CRP-SP).

Dedico este libro a quienes tratan con adolescentes y sus familias: padres, educadores, psicólogos, psiquiatras, psicopedagogos, y demás profesionales de la psicología.

Envío mi profundo agradecimiento, y un inmenso y fuerte abrazo a todos.

Con cariño,
Içami Tiba

Jóvenes: de problema a solución

Cuando Içami Tiba entró en contacto con nosotros para proponernos que fuéramos sus socios en este nuevo libro, me conmovió su deseo de donar parte de las regalías al Instituto Ayrton Senna de Brasil. Me sentí honrada por su elección, y muy contenta de ver que Içami, un escritor ampliamente reconocido, se interesa en un elemento que es la raíz del trabajo que realizamos con los jóvenes: darles la posibilidad de desarrollar sus mejores capacidades, como fuerza impulsora de grandes transformaciones en el seno de la realidad brasileña.

¿Cómo llevar esa labor a cabo, cómo ayudar a ese diamante en bruto a convertirse en una joya extraordinaria? La respuesta es sencilla: por medio de la educación. Los jóvenes de este país merecen recibir una educación de calidad, que les permita descubrir y desarrollar sus capacidades.

Y no me refiero solamente a la educación escolar, sino a aquella que se recibe en la familia. La idea que prevalece entre muchos padres es que los adolescentes son un problema.

Para muchos, tener un hijo adolescente en casa es una amenaza constante de problemas a la vuelta de la esquina. En cambio, aquellos que aprenden a relacionarse de otra forma con su hijo, comprendiendo sus necesidades y reconociendo su potencial, descubrirán que tienen a un ser humano singular, fuente de iniciativas, lleno de una energía transformadora, y capaz de encontrar soluciones creativas en los callejones sin salida.

La vía para el reencuentro entre adultos y adolescentes no es muy sencilla, pero es urgente encontrarla, en un mundo como en el que vivimos. Percibir el potencial de los jóvenes, creer en sus capacidades y darles las oportunidades educativas para que se desarrollen plenamente, son los primeros pasos a dar, y están al alcance de todos.

El joven sabrá retribuir la nueva forma de acercamiento, y se sentirá más seguro a la hora de aprovechar las buenas oportunidades que surgirán en su vida. Sabrá, principalmente, realizar las mejores elecciones. No las que más beneficios le aportan, sino las que sirven más al bien común, porque la sociedad de hoy necesita adolescentes que sean, a un tiempo, autónomos y solidarios.

Agradezco a Içami y hago votos por el éxito completo de esta aportación a los padres y educadores que tienen, día a día, el placer de convivir con jóvenes.

Y a los lectores, les deseo sabiduría para aprender los mensajes de optimismo incluidos en estas páginas, que conduzcan a la construcción de nuevas formas de comprender a nuestros jóvenes, que están dispuestos a dejar su huella renovadora en la historia de este inmenso país.

Vivianne Senna
PRESIDENTA DEL INSTITUTO AYRTON SENNA

Al maestro con cariño

Muchos educadores, escritores e intelectuales se ocupan de los problemas relativos a la educación de los niños y jóvenes. Sin embargo, pocos consiguen abarcar todos los aspectos del tema con la competencia y la seriedad necesarias. Se trata de mentores que poseen un modo singular de transmitir información y conocimiento. Un modo capaz de unir la práctica y la teoría en la medida exacta. Içami Tiba —maestro que siempre comprendió algo esencial: que enseñar es, al mismo tiempo, aprender— es uno de esos hombres cuya trayectoria es un ejemplo, y cuyo trabajo nos sirve como guía para experimentar la vida de forma más bella y noble.

Prueba de ello es esta obra que tiene en sus manos, un texto cuya mayor virtud es su preocupación por abordar la complejidad de las situaciones, dramas, conflictos, sueños y deseos comunes en la vida de padres e hijos. Son generaciones diferentes que deben descubrir, unidas, la mejor manera de establecer una convivencia saludable y feliz en este inicio del siglo XXI.

El autor, psiquiatra y profesional famoso en el área de la terapia familiar, comparte con los lectores los resultados de su proceso de aprendizaje a lo largo de los años, en los que ha destacado como profundo observador de las relaciones familiares. Éstas se caracterizan por actitudes, frustraciones, ansiedades, victorias y derrotas de padres e hijos; quienes acuden a él para lograr mejoras significativas en la convivencia familiar y en la armonía del hogar, así como en su interacción cotidiana.

En este libro, las orientaciones de Içami Tiba constituyen un apoyo sólido para muchísimas personas que atraviesan por este singular periodo en la historia de la humanidad. Un periodo donde la rapidez de los procesos de comunicación, tecnológicos y científicos ha influido de manera sustancial en el comportamiento de las personas.

Estas características hacen que veamos cómo se produce una vertiginosa inversión de los valores sociales, lo que genera confusión de los sentimientos y las sensaciones, no sólo en el seno familiar, sino también en las instituciones. Los padres y los educadores se preguntan con frecuencia de qué forma reaccionar ante la agresividad, intolerancia, prejuicio y sexualidad precoz de las nuevas generaciones, así como ante el consumo de drogas lícitas e ilícitas, la rebeldía muchas veces injustificada, la falta de interés en el estudio, la elección de una carrera, el culto exagerado al cuerpo... las inquietudes son numerosas, y todas reciben la atención y el análisis minucioso del autor de *Quien ama educa*.

En esta nueva obra, el autor muestra las diversas fases del proceso educativo, y nos señala la importancia de observar el núcleo familiar con detenimiento, para comprender con precisión la importancia del diálogo, de la presencia cualitativa de los padres en casa, del cariño, el respeto y la mutua tolerancia, conquistas logradas en un proceso lento, pero necesario. Se trata de un camino de doble vía que tiene como objetivo el crecimiento permanente de los miembros de la familia como seres humanos dotados de razón y sensibilidad.

El autor nos muestra, también, que la autonomía de los hijos deriva, justamente, de la sabiduría de los padres como educadores que depositan en sus alumnos la confianza necesaria para emprender nuevos desafíos y jornadas. Tiba muestra lo perjudiciales que pueden ser los padres sobreprotectores, incapaces de dejar que sus hijos logren desarrollar sus aptitudes esenciales para adquirir una personalidad autónoma e independiente.

La adolescencia como un segundo parto, el desarrollo biopsicosocial, la maternidad precoz (una realidad concreta en la vida de miles de muchachas), la ausencia de orden, el sentimiento de omnipotencia de algunos jóvenes, los caminos que conducen a ser una familia de "alto rendimiento", el amor y la negociación entre padres e hijos y la importancia de la educación financiera, son sólo algunos de los temas abordados por Tiba en esta obra, que exigió, seguramente, aliento de gigante y paciencia de oriental.

La gran virtud del autor en este texto es traducir los deseos y las inquietudes de los padres y educadores, como si escribiera no para un gran número de lectores sino para uno, como si Tiba fuera el portador de una llave única, capaz de abrir las puertas de lo particular y lo universal, analizando situaciones diversas con notable habilidad y lenguaje accesible, uno que tiene tono de conversación, de plática entre grandes amigos.

Sería un lugar común decir que éste es un libro de lectura obligatoria. De hecho, su lectura no es una obligación, sino un placer. Es un pasaporte para un viaje cuya ruta es el aprendizaje, y cuyo destino, ciertamente, es un puerto que se llama felicidad. La felicidad soñada, símbolo del bienestar, el éxito y la armonía perfecta entre nosotros y nuestros seres amados.

Gabriel Chalita
SECRETARIO DE EDUCACIÓN DEL ESTADO DE SÃO PAULO

Introducción

El objetivo de este libro es llevar al gran público el poder del conocimiento y la capacidad de mejorar su calidad de vida. Es la ciencia que llega, de un modo comprensible y práctico, a la vida cotidiana de las familias. Los padres encontrarán aquí recursos para lidiar con sus hijos, de cualquier edad, y los profesionales en el área de educación, las bases teóricas y principios fundamentales para el éxito en sus relaciones con jóvenes.

Este libro está dividido en tres partes: Los adolescentes de hoy, Familias de alto rendimiento, y El estudio y el trabajo.

Para simplificar la localización de los temas en el texto puse en estas páginas introductorias, entre paréntesis, tres números que indican: el primero, la parte del libro; el segundo, el capítulo, y el tercero, el inciso particular sobre el tema.

Durante mi trayectoria que supera los 37 años de trabajo con adolescentes y sus familias, elaboré las *etapas del desarrollo biopsicosocial de la adolescencia* (1, 2, 1), cuya base biológica se ha mantenido por milenios, pero ha sufrido grandes evoluciones en el plano psicosocial, sobre todo en las generaciones recientes. Esas etapas facilitan la comprensión biológica (hormonal) de sus inusitados comportamientos y reacciones.

Hace 50 años, ningún analista del comportamiento preveía que los padres llegarían a sentirse perdidos frente a sus hijos, que además de no respetarlos, abusan de ellos y los convierten en marionetas de sus deseos. Los adolescentes pueden comprender lo qué es el amor, la protección, la fuerza de la educación y la preocupación que sus padres experimentan por ellos, pero no comparten esos valores. Los padres sólo serán verdaderamente comprendidos y valorados cuando sus hijos se conviertan en padres.

Los padres tienen que manejar el teclado de la vida y actualizar las relaciones y propuestas con su hijo, sin importar su edad. Los padres ya pasaron por la adolescencia, y ahora los hijos están viviendo la suya, pero entre una y otra hay grandes diferencias.

La familia vive un *segundo parto* (1, 1, 1), protagonizado por los padres parturientos y el adolescente, que nace a su autonomía conductual. Puede ser un parto prematuro, como sucede con los *tweens* (1, 1, 5), niños con conductas juveniles, o prolongado, como con la *generación polizonte* (1, 1, 6), adultos jóvenes que permanecen con sus padres. Hoy entendemos mejor el *cerebro del adolescente* (1, 3, 2) y, en busca de su equilibrio, deberían estar incluidos los *valores superiores* (1, 4, 5).

Los adolescentes 25 pasan por encima de su *edad biológica* (1, 5, 1), imitando a los adultos. Quieren hacer cosas para las que aún no tienen *capacidad* (1, 5, 2), o son sorprendidos por el *embarazo precoz* (1, 6, 2), porque no han comprendido aún *que usar condón es un gesto de amor*, y no han puesto ese gesto en práctica (1, 9, 5), o se han visto envueltos en el consumo de *drogas* (1, 10, 7). Aunque sean "dioses", *tienen los pies de barro* (1, 8, 1), pues sólo les interesa el placer y hacen que sus padres asuman las consecuencias de sus acciones, mismas que los hijos, deberían asumir.

La adolescencia de hoy, vive los avances tecnológicos dentro de la misma casa. Basta con ver cómo ha cambiado el *cuarto del adolescente* (1, 7, 2) en los últimos quince años. La reclusión se transformó en un espacio de conexión con el mundo, es el sitio para vivir en un mundo virtual, jugando y platicando con amigos y desconocidos de todo el planeta. Los padres ya no pueden identificar a "las malas compañías". Las "correas virtuales" no funcionan con los jóvenes.

Si Freud estuviera vivo, como innovador que fue, probablemente habría actualizado su teoría y su práctica. Hoy la familia ya no es exclusivamente consanguínea, los padres se pueden casar con las hijas, los hijos pueden realizar su complejo de Edipo, y los "hermanos postizos" contraer nupcias. Ya no se producen incestos, ni absurdas faltas de adecuación, porque existen *diferentes estructuras familiares* (2, 2, 4).

Busqué la *piedra filosofal de las relaciones humanas globales* (2, 1, 1) para promover la convivencia familiar equilibrada, progresiva y feliz, un excelente ejercicio de vida ciudadana, que debe empezar en casa. La convivencia relacional con los que son *diferentes y desconocidos* (2, 1, 9), y con los conocidos en *relaciones verticales y horizontales* (2, 1, 7) tiene que sustentarse en el *lenguaje del amor* (2, 1, 11) y no en el *prejuicio, que es el veneno mortal de las relaciones* (2, 1, 9).

Lejos de las estructuras piramidales de autoridad y autoritarismo patriarcal, las familias, como equipos, buscan un *alto rendimiento* (2, 2, 12) para alcanzar la felicidad y el éxito personal y profesional. La educación se convierte en un *proyecto de vida* (2, 2, 5), con estrategias de acción. Los padres no deberían quedarse en casa "reinventando la rueda" siempre que tienen que intervenir en los problemas de la vida de sus hijos. Si esas intervenciones no dieran buenos resultados, no cosechamos una rueda cuadrada, sino la infelicidad familiar, ocasionada por la falta de educación ética.

Para ser feliz en las relaciones, el amor en aislado no es suficiente, por más grande que éste sea. Es muy importante que *el amor sea maduro* (2, 3, 11). En las relaciones entre padres e hijos, el amor atraviesa por diferentes *etapas* (2, 3, 1): el amor generoso; el que enseña; el que exige; el que intercambia; el que retribuye. El *acoso moral* es una distorsión del amor (2, 3, 8).

Sin tiempo (2, 4, 1) para nada, los padres deben encontrar tiempo para dedicarse a sus hijos. El momento sagrado de la atención eficiente a los hijos es cuando éstos hacen sus *paradas estratégicas* (2, 4, 7), y no cuando los padres tienen tiempo disponible. Es muy bueno que un padre, o una madre, lleve a su hijo a que *los acompañe en un día de trabajo* (2, 4, 6), para reforzar y mejorar sus vínculos.

En la parte 3, abordo el tema del estudio y el trabajo, que son las áreas en que pueden verse los resultados de una buena educación y formación, que desembocan en el éxito profesional, uno de los ingredientes de la felicidad. Los padres y los educadores no preparan a los hijos y alumnos para la vida profesional, como señalo en *errores escolares y familiares* (3, 5, 3). Demuestro que estudiar es importante, pero *aprender es esencial* (3, 1, 1); por tanto, los padres tienen que estar muy atentos a las *calificaciones de la escuela* (3, 2, 1). El dinero es uno de los valores que mueven al mundo, por eso es necesario aprender a lidiar con él; por eso es muy importante tener una *educación financiera* (3, 3, 1), de la que forman parte las *diez lecciones que se aprenden con las mesadas pequeñas* (3, 3, 6).

Para tener un buen *rendimiento profesional* (3, 4, 1) es necesario que los padres hagan hincapié para que sus hijos desarrollen su *capacidad o competencia* (3, 4, 4), se *comprometan* (3, 4, 5), *tengan iniciativa* (3, 4, 7) y *sean progresivos* (3, 4, 3). Los temas de *los cursos o diplomados y el primer empleo* (3, 4, 2), *los padres como jefes* (3, 5, 4), *los padres que hacen lo que los jefes no hacen* (2, 2, 11), *los criterios de elección de los trabajos para los jóvenes* (3, 5, 7), *los estudios y los trabajos para los jóvenes* (3, 5, 6), son asuntos estimulantes e importantes para todas las familias con hijos jóvenes. La *generación polizonte* (3, 6, 1) es un fenómeno actual de adultos jóvenes, con título universitario pero sin trabajo, que permanecen como adolescentes en casa de sus padres, creando así un nuevo estilo de vida.

Preparar a los hijos para que se hagan cargo del negocio de los padres (3, 6, 5) es un arte que requiere de un cuidado especial. Existen hijos "cigarras", que podrían vivir muy bien si tuvieran la asesoría administrativa de las eficientes "hormigas" contratadas. No es obligatorio que los padres ricos tengan hijos nobles, y mucho menos nietos pobres. Para ello, existen los *acuerdos familiares* (3, 6, 6).

El mundo sería un lugar mejor si hubiera menos corrupción. Es bueno saber que el desvío de recursos empieza en casa (3, 7, 1). Los padres no deberían "*tragarse los corajes*" que les provocan sus hijos (Conclusión), ni viceversa. Esos problemas pueden desembocar en *piratería por Internet* (3, 7, 5), violencia doméstica, acoso en la escuela e incluso, *acoso cibernético*.

Creo sin lugar a dudas que después de leer este libro ningún padre, madre o educador serán los mismos. En consecuencia, también habrán cambiado los hijos y los alumnos. Todos podrán mejorar, y mucho.

¡Feliz lectura!

PARTE 1
LOS ADOLESCENTES DE HOY

El adolescente

El adolescente es adrenalina que inyecta la juventud,
aturde a los padres
y a quienes están cerca.

La adrenalina da taquicardia a los padres,
deprime a las madres,
enoja a los hermanos.

Provoca lealtad en los amigos,
despierta la pasión en el sexo opuesto,
cansa a los profesores,
disfruta de los ruidos y la música estridente,
experimenta novedades,
desafía los peligros,
irrita a los vecinos…

El adolescente
es muy pequeño para las grandes cosas,
y demasiado grande para las cosas pequeñas.

Içami Tiba

Capítulo 1

La adolescencia: el segundo parto

Una orden del cerebro da la señal de arranque. A partir de ese momento, los testículos y los ovarios inician la producción de hormonas que transforman a niños y niñas en hombres y mujeres. El proceso biológico de los cromosomas es el mismo desde hace miles de años.

Pero la carga genética, por sí sola, no basta para transformar a los niños en adultos. Se complementa por el proceso psicológico, regido por la ley del "así somos". Desde sus primeros días de vida, el niño absorbe todo lo que sucede a su alrededor. La relación con sus padres (o sustitutos) es fundamental para su formación.

Los 34 millones de jóvenes del Brasil actual, son muy diferentes de sus padres cuando fueron adolescentes.

Mediante el "así somos", el niño llega a la madurez, pasando por dos partos más. En la adolescencia, el segundo parto lo conduce a la autonomía conductual. Gracias al tercer parto, el adulto joven conquista su independencia financiera.

Mediante el segundo parto, el niño se transforma en púber y en adolescente.

El púber es al bebé...

El bebé es en el periodo de desarrollo donde se vive una dependencia total para llegar a una independencia parcial. A los dos años, en teoría, el niño se reconoce a sí mismo, comunica sus necesidades instintivas y se niega a hacer las cosas que no quiere.

La **pubertad** señala el fin de la infancia y el inicio de la adolescencia, así como el nacimiento de un bebé implica el fin de la gestación y el principio de la infancia. La pubertad, que pertenece a la adolescencia, está muy bien definida biológicamente por el surgimiento de los vellos púbicos, resultado de la producción de las hormonas sexuales. La pubertad es, básicamente, un proceso biológico.

El bebé tuvo que aprender casi todo sobre lo que le sucedía, así como la forma en que los demás se relacionaban con él. El púber debe comprender qué le sucede a su cuerpo, pues las hormonas ocasionan cambios en las sensaciones y los sentimientos, así como en la capacidad de entender a las demás personas y de reaccionar ante ellas, independientemente de su voluntad. Necesita alcanzar esa percepción y comprensión de sí mismo por cuenta propia.

Los padres del bebé tienen que hacer todo por él, gracias al amor generoso, hasta que empiece a hacer por sí solo lo que desee o necesite. Es muy importante que el niño haga cosas de acuerdo con sus posibilidades. Si alguien le "ayuda" a un pequeño a hacer algo, éste puede resistirse, pues debe hacerlo solo. Quiere crecer, sentirse capaz de realizar pequeñas cosas. Es hora de que los padres añadan a su relación el amor que enseña. Cuanto más aprenda el niño, más mejorará su autoestima y seguridad.

En el área de restaurantes de un centro comercial vi a un niño sentado en su silla de bebé, jugaba con sus juguetes mientras su madre le daba de comer en la boca. El niño quería coger la cucharita, pero la madre no se la daba; de hecho se enojaba cuando el niño insistía. Esa madre quería seguir siendo generosa, cuando era tiempo de empezar a enseñar.

Hubiera estado muy bien que la madre le diera a su hijo una cucharita que él pudiera sostener, y lo dejara que tomara su comida, aunque la tirara, se ensuciara la boca, o usara la cuchara como juguete. Bastaría que la madre usara otra cuchara como complemento y así, ambos compartirían la comida.

Hay madres que no admiten interferencias en las relaciones con los hijos. Son madres omnipotentes que piensan que si fueron capaces de gestar, parir y criar a un hijo, sabrán educarlo. La realidad ha mostrado que se equivocan.

Después, aunque pueda alimentarse por sí mismo, el niño pedirá a su madre que le sirva, o que le amarre las agujetas de los tenis, aunque haga nudos o sepa escribir. La habilidad necesaria para escribir y para amarrarse las agujetas es prácticamente la misma. Esa madre podría incluso convertirse en la sirvienta de su hijo adolescente, así le niega la posibilidad de valerse por sí mismo.

El púber ya no quiere que sus padres interfieran en sus descubrimientos sexuales. Lo mejor que los padres pueden hacer es darle ese tiempo y respetar su privacidad, hasta que no demuestre que no merece confianza.

En el caso de que los padres insistan, queriendo dar el amor generoso y el amor que enseña a quien no desea recibirlos en determinado momento, estarán comportándose de manera inadecuada. Corren el riesgo de ser rechazados por el preadolescente. Ese rechazo funciona como un especie de fórceps al revés, para apartar momentáneamente a los padres de su vida. Parece ser que este cordón umbilical funciona en un sentido contrario, como si fueran los padres quienes necesitaran ser útiles a su hijo.

Es en este punto donde cobran importancia las paradas estratégicas: los padres deben esperar el momento en que su ayuda será requerida.

... lo que el adolescente es al niño

La infancia es una etapa de socialización familiar y comunitaria, donde el niño aprende valores, es alfabetizado y practica las nociones de convivencia con sus familiares y conocidos. La asistencia a la escuela es fundamental para crear vínculos con otros, un ambiente elegido por los padres donde el niño expande sus límites.

Los niños imitan las conductas de sus compañeros, ...la televisión, de sus padres... Aunque se les enseñen conductas adecuadas, los padres pueden mostrarles las inadecuadas; su intervención, en este sentido, puede ayudar a los niños, y si no lo hacen, su actitud puede interpretarse como negligente.

Un niño puede ver a un compañero agrediendo a otro, sin que tenga una sanción como consecuencia. Cuando vuelve a casa, agrede a su hermanita. Los padres pueden no aceptar esa agresividad gratuita, pero sería mucho mejor que tomaran precauciones para que la escuela trabaje el problema de manera más adecuada.

La **adolescencia** es un periodo de desarrollo psicosocial, durante el cual la persona se aparta de su familia para introducirse en los grupos sociales. Es la época donde los amigos se escogen por afinidad; los adolescentes disfrutan mucho al grupo de iguales, y de ir a los sitios que ellos mismos eligen.

No es extraño que un adolescente quiera escoger hasta la escuela a la que asistirá, y que ésta sea a la que van sus amigos. Aunque los padres se muden de barrio o colonia, él es capaz de no perder contacto y frecuentar el barrio donde se quedaron sus amigos.

Con sus amigos enfrenta el mundo, pero cuando está solo, puede no tener valor para hablarle a un extraño. En casa se pelea frecuentemente con sus padres, pero en la calle tolera incluso a los amigos poco apropiados.

Si la pubertad puede compararse con la etapa del bebé, la adolescencia corresponde a la infancia: es un periodo de desarrollo constante que termina hasta que se llega a la juventud y la adultez. Si durante la infancia la escuela es fundamental, en la adolescencia se incrementa la importancia de la amistad, se desarrollan otros tipos de relaciones, y el interés afectivo y sexual aumenta significativamente.

Actualmente, los padres necesitan adoptar una nueva actitud educativa. Ya no pueden ser como los padres del bebé, llenos de amor generoso, sino como padres de niños, y darle el amor que enseña, pues lo que el adolescente requiere son herramientas que lo preparen para la vida futura, de acuerdo con sus capacidades, e impulsado por el amor que exige.

Por más que quieran, los padres deben abstenerse de salir a defender a su hijo cuando hay un problema en la escuela, a menos que él mismo lo pida. Lo mejor es que el adolescente enfrente sus problemas en la escuela cuando no cumple con sus tareas, y no que sus padres las hagan por él.

La adolescencia es la etapa donde el hijo se lanza al mundo, y a los padres les corresponde alentarlo y apoyarlo cuando sea necesario. Otra responsabilidad educativa de los padres es intervenir cuando algo no va bien, porque si no lo hacen, estarían descuidando la educación de su hijo.

Es difícil la situación de los padres cuyos hijos pertenecen a algún grupo de riesgo y son víctimas de la violencia social o del consumo de drogas. No funciona tratar de vigilarlos, de controlar lo que hacen, usando el cordón umbilical para traerlos de regreso a casa, ni usar la correa virtual (teléfono celular, dispositivos de GPS, etcétera).

Es necesario que los padres preparen a sus hijos internamente, ya sea mediante una libertad gradual, o por medio de terapia, para que aprendan a protegerse solos, a no exponerse a los peligros, entre ellos las drogas. No es posible protegerlos físicamente si son ellos quienes se colocan en situaciones de riesgo.

Los adolescentes de hoy

Los adolescentes, hoy en día, empiezan a asistir a la escuela desde los dos años de edad.

Sus madres trabajan fuera de casa, y los padres trabajan aún más; por eso pasan gran parte de la infancia en la escuela, a cargo de quienes los cuidan. Habitan un mundo cada vez más dependiente de la informática, las calles ceden su lugar a los centros comerciales, y las esquinas de las panaderías se convierten en cafés cibernéticos y en tiendas que abren las 24 horas.

Las familias, además de ser más pequeñas, están más aisladas. Los adolescentes conviven más con amigos que con familiares. No visitan a sus tíos y primos, a veces ni a los abuelos. La convivencia familiar, menor que la social, está haciendo falta para la formación de vínculos y el fortalecimiento de valores familiares, fundamentales en la formación de los individuos. Hablo de valores como la gratitud, la religiosidad, la disciplina, la civilidad y la ética.

Son tantas las variables que han influido en la caracterización de los adolescentes de hoy, que es más sencillo hablar de la simultaneidad que de la causalidad de su comportamiento.

Los adolescentes de hoy son muy apegados a su círculo social, a sus amigos, a sus programas de televisión, a sus viajes, hasta el punto en que sus padres se sienten sólo proveedores.

El apego familiar de los jóvenes, a pesar de sus amigos

A pesar de lo anterior, el apego familiar aún existe, sobre todo cuando los padres son afectuosos, lo que muestra que, aun cuando los jóvenes hayan asistido a la escuela desde muy temprana edad, llevan dentro de sí el espíritu de la familia.

He oído decir en varias partes que la familia se está acabando. No lo creo. Lo que verdaderamente perjudica a la familia son los malos matrimonios. Las personas que se separan suelen casarse de nuevo; es decir, quieren tener otra oportunidad de vivir en familia. Quienes se casan, invariablemente, quieren vivir bien con su pareja, tener hijos y formar "una familia feliz".

Lo que se percibe hoy es la separación conyugal más frecuente, menos traumatizante y más fácil, con hijos que aceptan bien la nueva situación de los padres. Sólo los malos matrimonios que terminan con malas separaciones perjudican a los hijos. Por tanto, no es la separación en sí lo que afecta, sino una mala separación.

Un gran cambio es que las parejas separadas quieren seguir con los hijos. Tal vez esto no sea una novedad del lado materno, pero sí del paterno: antes, los hijos de una pareja se quedaban generalmente con la madre. Hoy, muchos padres quieren la custodia de sus hijos.

Es muy común que los hijos pequeños permanezcan con la madre y que, al llegar a la adolescencia, quieran vivir con su padre. Algunos prefieren vivir con el padre para huir de la maternidad y sus controles.

Lo que los adolescentes quieren es que ya no los traten como niños. Cuando los padres lo hacen, desperdician la ayuda y el compañerismo que los adolescentes pueden ofrecerles.

El adolescente necesita de los amigos y de los padres en forma distinta, y nadie está de más ni es mejor que otro. Cada uno, a su manera, satisface sus necesidades.

La adolescencia anticipada: la generación *tween*

Hace 37 años que trabajo con adolescentes. Cuando me preguntaban cuál era el tope de edad de mis pacientes, bromeaba al responder: "¡Adolescentes de cualquier edad!", y las personas sonreían. Aún doy la misma respuesta, y pienso: "Hay adultos que son adolescentes, y niños que actúan como adolescentes".

En cuanto a la prolongación de etapas de la vida, las hay de dos tipos: hacia abajo, la generación *tween*, y hacia arriba, la generación polizonte. Se tratan de nuevas formas psicológicas, familiares y sociales que la mayoría de los padres de hoy no conocía, ni imaginó que existieran.

El término *tween*, en el lenguaje de la informática, viene de la palabra inglesa *between*, y designa una etapa de transición entre la infancia y la adolescencia. En ella no se altera el desarrollo biológico, pues se aplica a los niños más grandes, entre los ocho y los doce años quienes, en su gran mayoría, aún no han transitado la pubertad.

Los tweens *son niños que empezaron a ir a la escuela antes de los dos años. Son muy independientes para su edad, y quieren consumir productos imitando a los adolescentes. Sus padres no limitan sus deseos de consumo.*

Los *tweens* son como pequeños adolescentes. Son inteligentes, les gustan los desafíos, platican "como gente grande", les aburren otros niños y forman, poco a poco, pequeños grupos con sus pares, con quienes permanecen permanentemente comunicados por medios como Internet y el teléfono celular; son especialistas en manejar teclados. Pueden discutir con toda propiedad con sus padres, quienes, si se descuidan, acaban siendo dominados por ellos.

No siempre la convivencia con los *tweens* es tranquila, sobre todo cuando los ataca el deseo consumista por un objeto. Es necesario que los padres aprendan a negociar, de lo contrario ningún consumo o dinero será suficiente.

Hay situaciones los padres pueden manejar, como el consumismo, pero en términos conductuales hay que tener mucho cuidado, es posible que el cuerpo de estos pequeños no esté preparado aún para lo que los *tweens* quieren hacer.

Así, no es fácil para los padres que carecen de holgura financiera y no son consumistas, satisfacer a sus hijos, que conviven con otros *tweens* que sí obtienen todo lo que quieren, pues sus padres, también consumistas, les complacen cada capricho.

Es común que otros niños quieran tener lo que los *tweens* tienen. Pero si los padres negocian los deseos de sus hijos ubicándolos en sus posibilidades reales, sus hijos tendrán una buena educación administrativa y financiera, que les servirá toda su vida. Puede leer más sobre este tema en el apartado "Negociaciones entre los padres y la generación *tween*", capítulo 3 de la segunda parte de este libro.

La adolescencia expandida: la generación polizonte

Después de la adolescencia llega la mayoría de edad, a los dieciocho años, según el Código Civil Brasileño de 2002.

Es común que con dieciocho años cumplidos el hijo ha dependido económicamente de sus padres, y que lo haga hasta terminar sus estudios, y estar en posición de conquistar su independencia económica.

Hay una etapa, la del **adulto joven**, que va desde los dieciocho años hasta la conquista de la independencia económica, a la que denomino el **tercer parto**.

Sin embargo, no es extraño encontrar adultos jóvenes, de entre 25 y 30 años, que viven "todavía" con sus padres. "Todavía", porque después de haber terminado la licenciatura están listos para trabajar, pero 70 por ciento no encuentra trabajo. Es la **generación polizonte**, y está compuesta por adultos jóvenes con una vida social independiente, pero que todavía dependen de la mesada que les dan sus padres y viven en su casa, como adolescentes. Es la adolescencia que invade la vida adulta.

Desde los dos años estudió mucho, nunca reprobó, y ahora ya tiene una buena formación y un título universitario, pero no tiene trabajo. No es el único en estas condiciones. Es uno más de la generación polizonte.

Es una generación donde se incluye 50 por ciento de los 70 millones de desempleados de Brasil. Vive temporalmente como polizonte en casa de sus padres, hasta conseguir trabajo y ser independiente económicamente. Este periodo corresponde al "tercer parto".

De acuerdo con la ONG brasileña Vía de Acceso, sólo 30 por ciento de los adultos jóvenes trabajan en su área de formación. Un porcentaje menor ingresa en las empresas de los padres y la mayoría tiene que seguir estudiando, calificándose más para enfrentar la cerrada competencia por un puesto de trabajo que, además, ofrece un salario muy bajo para un profesional titulado. ¡Es indignante! Pero así es, y hay que enfrentarlo. Lea los capítulos: *El amor y las negociaciones entre padres e hijos*, y *El tercer parto*.

En el pasado, era común que los padres dijeran al hijo: "Bueno, por fin acabó nuestra tarea. Ya te hemos dado lo que necesitabas. Es tu turno. Con el título en la mano, ¡tienes todo el futuro por delante!"

Hoy, a causa de la difícil situación socioeconómica del país, la generación polizonte y sus padres viven con aprehensión, preocupación y angustia por un futuro que toca a la puerta, sí, pero que se presenta diferente del que tanto habían imaginado. Algunos, más desilusionados, se preguntan: "¿Habrá valido la pena estudiar tanto?"

Sí valió la pena, porque para una persona con poca preparación es más difícil encontrar trabajo. Si alguien llegó solamente hasta el nivel medio superior, se le complicará colocarse, y el panorama es menos alentador para quien es analfabeto. Valió la pena terminar la universidad, además, porque el estudio no sólo sirve para el trabajo, sino que mejora la calidad de vida y mejores ciudadanos.

La mayor dificultad de la generación polizonte es la de superar la etapa de las entrevistas para obtener trabajo. Una vez dentro de la empresa, el estudio puede marcar la diferencia. Un empresario con iniciativa, pero sin estudios, es valioso, pero le iría mejor si tuviera grados académicos. Llegan a los mejores cargos las personas más preparadas, que no son forzosamente quienes obtuvieron las más altas calificaciones en los exámenes escolares. La vida es más vasta y exige más de lo que las pruebas solicitan.

Una persona, para enfrentar la vida, tiene que desarrollarse simultáneamente en otras áreas y tomar cursos complementarios de preparación administrativa, económica, de relaciones interpersonales, o el espíritu emprendedor, entre otros, para tener el elemento adicional que impulse su ascenso profesional.

Si le interesa el tema, puede leer más al respecto en el apartado *"Generación polizonte"* del capítulo 6, de la tercera parte: *El tercer parto*.

Capítulo 2

La adolescencia: resumen de su desarrollo biopsicosocial

La adolescencia inicia con una inundación de hormonas, un terremoto corporal y confusión mental. La entrada en escena de las hormonas sexuales da inicio a la pubertad, un despertar sexual en medio de un tumulto vital.

Con la llegada de la pubertad inicia la madurez sexual biopsicosocial. El adolescente empieza a cambiar su modo de ser, en un movimiento "de dentro hacia fuera", en busca de su independencia y autonomía. Necesita quedarse solo en casa, y le encanta hacerlo, así como estar con otros de su misma edad.

Los adolescentes adoran ir a la escuela: son las clases las que les crean problemas. La escuela es el sitio de reunión, donde pueden hacer escándalos, y no permanecer sentados, como momias, quietecitas en los pupitres...

La adolescencia afecta tanto a los padres, los parturientos, como a los hijos, que nacen de nuevo.

La "aborrescencia" es la adolescencia conflictiva, la que se convierte en un fastidio para los padres. Acostumbrados a tratar con sus hijos en la infancia, ahora tienen que reorganizarse con ellos; de hecho, los padres también pueden ser los "aborrescentes" de sus hijos. Es necesario que mamá y papá adolezcan (rejuvenezcan) con sus hijos adolescentes (en crecimiento).

La pubertad es un proceso de madurez mucho más biológico, y la adolescencia, un desarrollo biopsicosocial. La adolescencia incluye a la pubertad.

La pubertad empieza en las niñas de los ocho a los diez años, y en los niños, de los nueve a los once.

Biológicamente, la pubertad termina en las niñas cuando se presenta la menstruación, entre los once y doce años. Y en los muchachos, cuando cambia su voz; entre los trece y diecisiete años. Pero la adolescencia continúa después de estos procesos.

Etapas del desarrollo en la adolescencia

Así como la infancia se divide en varias etapas, la adolescencia tiene también las suyas, mismas que incluyo en mi libro *Puberdade e Adolescência – Desenvolvimento Biopsicossocial*, publicado en 1985.**

En orden cronológico, presento las etapas del desarrollo psicosocial de la adolescencia que son, determinadas genéticamente: confusión de la pubertad; sentimiento de omnipotencia de la pubertad; "el estirón"; menstruación; cambio de voz y, prevalece el sentimiento de omnipotencia, ahora juvenil.

Las características psicosociales no son como las biológicas, que evolucionan inexorablemente. Surgen en periodos determinados, pero desaparecen a medida que los conflictos se resuelven. Los que no encuentran solución perduran en las etapas siguientes. Así, un joven que se cree omnipotente puede presentar rasgos y conductas de etapas anteriores, incluso infantiles.

A continuación presento, en un apretado resumen, una a una las etapas.

** *Pubertad y adolescencia. Desarrollo biopsicosocial.* Título inédito en español.

La confusión de la pubertad

Por el surgimiento del pensamiento abstracto, el esquema funcional del cerebro del adolescente, que antes era prácticamente concreto, sufre un periodo de adaptación. El razonamiento hipotético, las bromas de doble sentido y los sobreentendidos, superan al pensamiento concreto, aunque éste no desaparece del todo. Es como si el adolescente fuera un nuevo rico, con mucho dinero, pero algo ingenuo aún.

Los púberes, muy confusos, comprenden algunas ideas abstractas y pueden abordarlas de manera concreta.

Esta etapa es anterior a las modificaciones corporales. En las muchachas, se presenta alrededor de los nueve años (en el tercer año de la enseñanza primaria); en los muchachos, alrededor de los once (en el quinto año). Su mente está organizando su esquema corporal.

El muchachito se vuelve torpe, tira su vaso y la comida cuando come, y la muchachita pisa los pies de sus padres cuando los abraza. Pierden la noción de su esquema corporal; es decir, la representación de su propio cuerpo. En su cabeza, su mano es todavía pequeña, mientras que la chica no se da cuenta de que sus pies crecieron.

Las muchachas dan mucha importancia a las relaciones, y los muchachos, a los logros. Es como si la autoestima femenina dependiera del número de amigas que tiene, y la masculina, de lo que es capaz de hacer.

Es esta fase, las muchachas revuelven todo su armario cuando van a salir. Cuanta más ropa tengan, tanto mayor será su indecisión. La ropa cumple la función de mostrarlas tal como les gustaría ser, ya grandes, pero también oculta lo que no les gusta de sí mismas.

Los muchachos se vuelven más fuertes, como resultado de la acción de la testosterona sobre los músculos. Por eso viven queriendo poner a prueba esta nueva fuerza, por medio de competencias, liderazgos y luchas territoriales.

En este periodo, tanto ellos como ellas todavía necesitan y solicitan la ayuda de sus padres. Sin embargo, en general, los varones son más desobedientes que las mujeres. Si un muchacho, en esta etapa, transgrede las reglas y no hay consecuencias, empezará a comportarse como si fuera el líder; es decir, como si pudiera hacer siempre su voluntad.

El síndrome del quinto año

Cuando entran al quinto año de educación básica, las niñas están saliendo de la confusión de la pubertad. Su pensamiento abstracto está más desarrollado que el de los varones que están en plena confusión mental. Miran en el horario escolar la programación para el jueves, y llevan el material del viernes. Estudian geografía para el examen del día siguiente, que es el de historia. A veces, los muchachos ni siquiera comprenden la pregunta que formula el profesor. Tienen, en ocasiones, una incapacidad biológica de cursar el quinto año, y sufren por el desfase. No es de extrañar, por ello, el alto índice de reprobación de los chicos en esta fase.

Al conjunto de problemas que atraviesan los niños o muchachos de quinto año, di el nombre de "síndrome del quinto año".

Y lo peor es que las niñas del mismo grado, además, menosprecian a los muchachitos de su clase, lo que daña la autoestima masculina e incide, también, en su desempeño y su capacidad.

Los niños o muchachos de once años, no están preparados para enfrentar las exigencias curriculares del quinto grado. Sucede lo contrario con las muchachas. Cuando empiezan a sentir una mayor exigencia escolar, están preparadas para enfrentarla. Tienen la casa psíquica lista y arreglada. Con los niños, en cambio, sucede el equivalente a que unos ladrones entren a robar a su casa en el momento de la mudanza, cuando las joyas están sobre la cama.

Los chicos necesitan recibir una educación diferente, no por machismo sino porque funcionan de otra manera. Exigirles lo que aún no son capaces de hacer complica la vida de todos, principalmente la suya. Lo más sensato es pedir a cada quien sólo lo que es capaz de hacer.

Como una sugerencia, propongo que esa diferencia sea considerada por la psicología y la pedagogía, y que los educadores encuentren una forma adecuada de resolver el problema, que es real y tiene causas biológicas. Los chicos no tienen la culpa ni son responsables de no tener el desarrollo físico y biológico necesario para cursar con éxito el quinto grado. El error, en verdad, es más del sistema, que exige del niño lo que no está en posibilidades de dar. Las niñas de once años tienen una madurez mayor, y algunas, incluso, ya menstrúan.

Una posibilidad es que los niños entren al primer grado un año después de las niñas, como propuse en el libro Pubertad y adolescencia: Desarrollo biopsicosocial.**

Mientras el problema no se resuelva, los padres pueden ayudar a los niños o jovencitos en su dificultad de organización, revisando con ellos el programa del día escolar, arreglando en equipo sus materiales y estando pendientes de las fechas de los exámenes, sin enojarse por las confusiones que expresan.

La omnipotencia de la pubertad

Los púberes se sienten omnipotentes, y atraviesan la etapa del "dios rebelde" (para los niños) alrededor de los trece años (1° de secundaria), o de "vivir para el grupo" (para las niñas), alrededor de los diez años (4° de primaria).

La niña quiere tener su grupo de amigas. Vivir en grupo es vivir feliz, hablando mucho sobre las niñas con quienes comparte, y mal de las que forman parte de otros grupos. Llamadas telefóni-

---

** Inédito en español.

cas, recaditos, cartitas, y mensajes por celular son cotidianos. Apenas llegan a casa y ya vuelan al teléfono o el Internet.

Por lo general, la chica que no pertenece a un grupo no se siente bien. Como se encuentran en la fase de la omnipotencia de la pubertad, nunca aceptará que está de más o que fue rechazada. Preferirá decir que es ella quien no quiere estar en ningún grupo, y que le parecen bobas o frívolas las que sí lo están. Eso dura hasta que entra en algún grupo, entonces, le parecen ridículas las chicas que permanecen aisladas.

En cambio, los muchachos viven la fase de la omnipotencia de la pubertad a todo lo que da. Tienen "muchas hormonas para tan poco cerebro". Están llenos de testosterona, y empiezan a presentar cambios corporales (pocos) y de comportamiento (muchos).

Cuando se hacen más gruesos los primeros vellos púbicos, se inicia también la formación de espermatozoides (semenarca). Desde el punto de vista de la reproducción, los muchachos son fértiles a pesar de su edad.

Lo que más los distingue de las muchachas es su interés por el desempeño sexual. Mientras llega el gran día del encuentro sexual con una mujer (sea la que fuere), se masturban a diario.

El "testosterónico" muchacho quiere que su opinión sea la dominante, aunque todavía no tenga una. Su sentimiento de omnipotencia es una fuerte reacción contra las exigencias y las imposiciones que pesan sobre él. Aún no se siente fuerte, pero tiene que mostrar que lo es, obedeciendo a su propia testosterona, que demanda su autoafirmación. Estamos ante la **rebeldía hormonal**.

La oposición es una forma de organización mental. El mal humor es frecuente en esta etapa, y el enojo se transforma en odio. Durante esta fase el muchacho se pelea constantemente en la calle. Con frecuencia regresa a casa con un ojo morado, o con una curita en alguna parte, o con la playera rota…

Empieza a retar físicamente a sus padres. Si la madre le da un pellizco, aunque con lágrimas en los ojos, dice: "¡No me dolió!", cuanto más aguante el sufrimiento o el dolor, más macho se siente.

El síndrome de primero de secundaria

En general, la omnipotencia de la pubertad se manifiesta en la escuela de la siguiente manera: el muchacho no entiende la clase de matemáticas, y afirma que "quiere repetir el año". Lo que pasa en realidad es que tiene problemas con esa materia, pero en lugar de aceptarlo, afirma que no le interesa aprobarla. Esa actitud le da la sensación de ventaja, porque no tolera el riesgo de fracaso. La oposición y la agresión son otros mecanismos de defensa.

A los trece años, en plena omnipotencia de la pubertad, menospreciados por el sexo opuesto, los muchachos pueden reproducirse. Sólo piensan en sexo. Es la edad de la pornografía. Para ellos, cualquier pedazo de carne es un filete mignon. Por eso, el cuerpo de la profesora es más interesante que su clase.

La muchacha de la misma edad se encuentra dos etapas más adelantada, en la menstruación. Atraviesa por la omnipotencia de la pubertad antes que los muchachos, y de una forma más suave, ya que las hormonas femeninas fomentan la creación de relaciones interpersonales, primero entre otras mujeres y después con el sexo opuesto.

Los muchachos que se sienten omnipotentes exigen de sus padres un cambio radical de conducta. En realidad, el hijo no quiere recibir ayuda de nadie, mucho menos de sus padres. Para él, aceptar ayuda es ser tratado como un niño.

Lo que los padres pueden (y deben) hacer es ayudar en la organización de sus obligaciones, señalándoles cuáles son las prioridades en las actividades cotidianas, tanto familiares como escolares. Es importante que los mismos padres elijan los procedimientos adecuados para realizar lo que se establece.

Es importante recordar que cualquier acuerdo debe tener un plazo de ejecución, y que es necesario dejar en claro cuáles serán las consecuencias si el joven no cumple su parte del acuerdo. Es importante fijar de antemano los resultados de no cumplir el acuerdo, no es válido imponer consecuencias si no fueron previamente establecidas.

El estirón

En esta etapa se producen los cambios corporales más notables. El "estirón" se caracteriza por un rápido desarrollo físico, encabezado por el crecimiento de los huesos de las piernas (fémur, tibia y peroné). Generalmente, los jovencitos crecen hacia arriba y las jovencitas en todas las direcciones: hacia adelante (senos), atrás (nalgas), los lados (caderas), y muy poco hacia arriba.

En las jovencitas, el estirón por lo general termina con la primera menstruación (menarca); por tanto, se presenta alrededor de los once o doce años de edad. Es una etapa breve de alrededor de dos años.

En los jovencitos, inicia después de los doce o trece años. Ellos crecen durante dos o tres años, y dejan de hacerlo cuando cambian de voz.

De 1967 a 2000, hubo un aumento de ocho centímetros en la estatura promedio de los muchachos, de acuerdo con un estudio de la Facultad de Ciencias Médicas de la Unicamp,** ocasionado por la mejoría en las condiciones de vida de la población en Brasil.

Es interesante notar que, incluso el lo relativo al crecimiento, los muchachos sólo hacen una cosa a la vez. Primero lo físico, luego lo mental. Por eso, es común que un chico de catorce años, con 1.90 metros de estatura, escuche a su padre con atención y cuando éste le pregunta: "¿Entendiste?", responda, con una mirada distante: "¿Eh?", como si no lo hubiera escuchado. En cambio, la chica de la misma edad comprende todo, incluso capta mensajes no verbales.

Pero no siempre el estirón es tan visible en los chicos que no crecen tanto. A veces parece que el cuerpo se detiene mientras el cerebro madura poco a poco.

** Universidade Estadual de Campinas (N. de la T.).

Las hijas empiezan a funcionar como pulpos: sus acciones son polivalentes, y ven por encima del hombro a los chicos de su edad, que generalmente son más inmaduros, aunque ya funcionan como cobras.

Cuanto menor sea la autoestima, más preocupados están los jovencitos ante los cambios físicos de su cuerpo. Ellas se preocupan por el desarrollo de sus senos, y los examinan con frecuencia para ver si son simétricos, desiguales o torcidos, inmensos o muy pequeños.

Durante esta fase hay mucha angustia y una gran timidez para hablar en público. En esta edad es frecuente que las jovencitas quieran hacerse una cirugía plástica estética, pero no debe operarse lo que está en pleno desarrollo.

Los muchachos se preocupan mucho por el tamaño del pene. Como crecen o pesan más, tienen la impresión de que su pene se ha encogido. Pero el pene no adquiere las proporciones y la forma adultas sino hasta después del cambio de voz.

El estirón del chico generalmente, es una fase de mucha timidez, con ataques de aislamiento. Prefieren estar frente a la computadora, haciendo amigos cibernéticos que mostrarse personalmente.

En cambio, las muchachas hablan más entre ellas, y se ayudan cuando tienen problemas, elaborando estrategias grupales para "atrapar" a un chico; eligen al que las va a elegir.

Los padres no deben forzar a sus hijos tímidos a aparecer en público, pero sí exigirles el cumplimiento de sus deberes, sin importar las etapas por las que estén atravesando.

La menstruación en las chicas y el cambio de voz en los chicos

En teoría, se trata más de un rito de paso que de una etapa, pues es muy importante y dura poco tiempo: es el pasaje de la "niña" a "señorita", a través de la menstruación, y del niño a "chico", cuando sufre el cambio de voz.

Cambiar de voz señala el final del estirón en los varones, sucede entre los quince y diecisiete años. Aunque el crecimiento óseo se detenga, los cartílagos siguen creciendo, entre ellos, la manzana de Adán (el gañote), que es una parte de la laringe que avanza hacia adelante.

Dentro de la laringe están las cuerdas vocales, que son las responsables del timbre de voz. Con el crecimiento de la laringe, las cuerdas crecen y engrosan. El paso del aire por ellas las hace vibrar, dando lugar a los sonidos que, modulados, se convierten en la voz.

Con las alteraciones en las cuerdas vocales, es necesario que se regule también la cantidad y la velocidad del aire que pasa entre ellas. Todos estos cambios deben ser registrados para que después, poco a poco, se realicen de manera automática.

Si las cuerdas vocales se siguen alterando, es difícil que el aire pase adecuadamente entre ellas y, por eso, a veces la voz se vuelve irregular y en ocasiones incontrolable. Puede volverse rara, y parecer más bien un croar de sapo, acompañado de falsetes y gruñidos, a veces agudos y otras graves. La laringe deja de crecer cuando el gañote se hace puntiagudo.

La cara del chico se llena de espinillas, que a veces forman verdaderos volcanes y cráteres. Su voz, que parece un croar de sapo, y su nariz gigante lo hacen sentirse horrible. Hasta para su propia madre es feo… es la edad del sapo.

Aunque esté feo, el muchacho está íntimamente feliz, porque junto con sus orejas y gañote, crece también su pene —precisamente lo que anhelaba—, antes, le parecía tener un defecto y vivía comparándose con los atletas sexuales de las películas porno.

La menarca es la primera menstruación de la mujer. Se presenta, comúnmente, entre los diez y medio y trece años. Con ella culmina el estirón de la chica, y se estabiliza, prácticamente, su estatura y características sexuales secundarias.

En esa fase, su cuerpo empieza a adquirir contornos de mujer. Su interés por los muchachos aumenta, y experimenta pasiones eternas que duran semanas, días u horas, hasta que se enamora platónicamente de un príncipe encantado de la secundaria.

Con el cambio de voz, el cuerpo del chico adquiere contornos masculinos, como si se estuviera preparando para el sentimiento de omnipotencia juvenil que está a punto de surgir con toda su fuerza.

El sentimiento de omnipotencia juvenil

En esta fase, los muchachos se creen Dios. Es una de las fases más complicadas en las relaciones entre padres e hijos. Afecta a las muchachas entre los catorce y quince años, y a los muchachos entre los once y dieciocho años. La fuerza biológica de la reproducción está en la cima, con su consiguiente inundación de hormonas en el torrente sanguíneo.

La sensación de omnipotencia es común: ellas piensan que nunca podrían embarazarse si no quieren, y ellos que nunca embarazarán a nadie. Al volante, ellos se sienten poderosos, como si no pudieran sufrir un accidente… están impulsados, más que por los motores o la gasolina, por su urgencia de sentir descargas de adrenalina, y todo por su sensación de invulnerabilidad, nacida de su "sentimiento de omnipotencia testosterónica".

En esta etapa, muchos adolescentes quieren tener autonomía para escoger sus actividades, su vida sexual, para experimentar con drogas, beber, correr en automóvil, practicar deportes extremos o viajar sin rumbo fijo con la certeza absoluta de que nada malo puede pasarles, pero aún dependen de sus padres para el financiamiento de cada una de sus actividades.

Capítulo 3

El cerebro del adolescente

Un estallido emocional ante una pregunta inocente de los padres no es ocasionado sólo por alteraciones hormonales. Las estructuras mentales que inhiben las respuestas impulsivas aún no se consolidan. Algunos estudios han demostrado que el cerebro adolescente es distinto del cerebro adulto, y con ello se ha desterrado el viejo consenso científico que sostiene que este noble órgano termina su crecimiento durante la infancia.

Durante la pubertad se produce una verdadera reconstrucción del cerebro. La mitad de las conexiones electroquímicas que ahí ocurren se modifican para rehacerse; los investigadores llegaron a esa conclusión tras analizar con microscopio electrónico los cerebros de adolescentes que murieron en accidentes.

El criterio utilizado para esa reorganización energética del cerebro está en el movimiento de las sinapsis, acciones vitales para la vida adulta que son reforzadas, mientras que las que son inútiles o perjudiciales para el comportamiento maduro serán eliminadas.

La vida del cerebro no sucede sólo por las neuronas sino, principalmente por sus sinapsis. Las neuronas no se tocan, envían y reciben los impulsos-mensajes a través de los neurotransmisores.

Las neuronas, por tanto, se comunican a través de neurotransmisores, mensajeros bioquímicos que llevan los mensajes de la neurona transmisora a la neurona receptora. Los neurotransmisores funcionan sólo en las sinapsis. La inteligencia depende mucho más del número de sinapsis que del número de neuronas.

Aprendiendo una segunda lengua

Las regiones cerebrales ligadas al lenguaje se desarrollan principalmente en la pubertad, alrededor de los quince años. Es entonces cuando pueden notarse grandes progresos en el uso de la lengua escrita. Es un momento ideal para aprender nuevas lenguas. Aunque lo mejor es incluir el aprendizaje de la segunda lengua desde la alfabetización.

Cuando una persona domina una lengua, la tendencia dominante, cuando se aprende otra, es traducirla mentalmente a la lengua materna, a veces al pie de la letra. Como tal vez no tenga sentido, el aprendiz de la nueva lengua tiende a usar más la lengua materna.

Los niños pequeños, que apenas hablan su lengua materna, tienen más facilidad para aprender una segunda, pues lo logran sin hacer gran diferencia entre ambas. Escuchan con atención y tratan de repetirlo, asociándolo con lo que estén haciendo o con el juego que los ocupa; así, almacenan un conjunto de novedades, incluido el lenguaje. Cuando hablan, ven automáticamente las palabras. La sonoridad de la palabra está incluida en su música, en cualquier lengua que sea. A la imagen de un color se asocia la palabra que lo nombra. Así, al ver el color, viene a la memoria su nombre, como si fuera un paquete.

Con el tiempo, los niños aprenden a administrar la memoria, organizándola como si la guardaran en una tarjeta; para practicar su lengua materna, usan una tarjeta, para practicar otra lengua, usan una tarjeta distinta. Cuando el niño habla en inglés con alguien que le responde en portugués, el niño cambia la tarjeta y habla en portugués.

Si una persona aprende una segunda lengua antes de la pubertad, logra-
rá pronunciarla sin acento. Pero si la aprende después, tendrá siempre el
acento de su lengua materna.

En la pubertad, cuando el número de sinapsis neuronales aumenta significativamente, es también un buen momento para aprender una segunda lengua. Mientras estimulamos el aprendizaje,
estaremos favoreciendo la formación de sinapsis nuevas, un ejercicio "físico" de rejuvenecimento neuronal.

Omnipotente, pero inmaduro

La mayor parte de las alteraciones por las que atraviesa el cerebro
en la adolescencia se producen en la corteza frontal, que es el área
responsable por la planeación a largo plazo, el control de las emociones y el sentido de responsabilidad. Ésta se desarrolla entre los
veinte y 25 años.

Por tanto, antes de ese proceso, el adolescente no siempre está
en condiciones de procesar toda la información que requiere al
tomar una decisión, esto nos revela que no siempre su actitud es
producto de la simple oposición a sus padres, sino a una limitación
biológica. En lugar de evaluar los diversos ángulos de un problema,
decide por bloques. Es como si fuera una empresa de departamen-
tos autónomos, sin jefe.

Es más probable que los padres entiendan a sus hijos que a la
inversa, pues no es posible exigir demasiado de alguien que aún no
tiene mucho que dar, porque no ha madurado. Sólo el que ha madurado tiene un abanico de opciones para actuar. Por ello, los padres
deben escuchar a sus hijos adolescentes, y esperar antes de exigir
algo de ellos, pues aún no han desarrollado plenamente el sentido
de la responsabilidad.

El cerebro femenino madura antes que el masculino

En las niñas, el cerebro madura alrededor de dos años antes que el de los niños. Las hormonas sexuales femeninas, los estrógenos, desempeñan un papel importante en la remodelación de ese órgano. Y esto sucede tanto en mujeres como en hombres; por su parte, ellos sintetizan el estrógeno a partir de la testosterona así, las hormonas que ocasionan el terremoto corporal y la confusión mental, con el paso del tiempo son las que ponen orden en la casa.

Durante la maduración del cerebro, la mielina, sustancia grasosa y aislante que envuelve a las neuronas como el cable de plástico al alambre por donde pasa corriente eléctrica, empieza a funcionar de manera más eficiente. Pero mientras las áreas cerebrales del procesamiento emocional no estén maduras, el adolescente tiende a mostrar un humor inestable. Enfrentar situaciones nuevas o con personas de opiniones diferentes pueden llevarlo al típico cortocircuito emocional, inexplicable durante décadas y que sólo ahora empieza a comprenderse mejor.

Los cerebros maduros de los padres deberían tratar con cariño especial a sus hijos en proceso de maduración, y tener paciencia para oír todo lo que tengan que decir, intentando, verdaderamente, comprenderlos. En vez de hablarles peyorativamente, disminuyendo su autoestima, sería un acierto preguntarles cómo resolverían ciertos obstáculos o problemas que pudieran presentarse. Concentrándose en cada caso y razonando sobre sí mismo, es como el adolescente empieza a practicar la prudencia, las alternativas de solución y sus responsabilidades. Es una forma de ejercitar la madurez.

Capítulo 4

El equilibrio humano

Todo ser humano quiere ser equilibrado y feliz.

La felicidad es un estado biopsicosocial bastante subjetivo; es decir, cada ser humano tiene ideas y criterios sobre lo que para él significa ser feliz.

Soy psicoterapeuta desde hace 37 años, y he vivido y sobrevivido a más de 74 000 consultas psicoterapéuticas. Actualmente, intento organizar didácticamente la búsqueda del ser humano del equilibrio y la felicidad; la premisa es que para obtenerlos, necesita conocer sobre su propio funcionamiento.

Mi punto de partida es lo que sé de la forma en que funciona el ser humano, tomó como base la teoría psicoanalítica, creada por Jacob Levy Moreno, psiquiatra rumano que vivió en Estados Unidos; la teoría del núcleo del yo, creada por el terapeuta argentino del psicodrama Jaime Rojas-Bermúdez; y la teoría del desarrollo de la matriz de identidad, elaborada por José de Souza Fonseca Filho, psiquiatra brasileño especialista en el psicodrama.

Después de tanto tiempo recorriendo los derroteros de la vida, soy un resultado de diversas influencias externas que confluyen con mis propias investigaciones, creaciones, prácticas y experiencias, lo que hoy en día, me atrevo a decir, integra mi propia línea de pensamiento.

Mundo interior y mundo exterior

El ser humano habita dos mundos en interacción constante: el mundo interior y el exterior.

El mundo interior, todo lo que tiene dentro de sí, está constituido por tres elementos: lo que piensa (el área de la mente), lo que siente (el área del cuerpo) y lo que percibe del entorno (el área de la percepción del ambiente).

El mundo exterior es todo lo que percibe y aquello con lo que se relaciona, pero está fuera de él, éste, a su vez, es integrado por tres partes: las relaciones (familiares y sociales), las actividades (la escuela y el trabajo) y su ecosistema personal (territorio y pertenencias).

La frase "Pienso, luego existo", del gran filósofo francés René Descartes es, en mi opinión, una afirmación incompleta, ya que puedo sentir, pensar, fantasear, soñar despierto que soy un nadador, y no saber nadar. Para ser nadador tengo que saber nadar. Lo que me hace un nadador es nadar.

El pensamiento precede a la acción, pero no es suficiente pensar sin actuar. Es la acción de nadar la que me convierte en nadador. Por tanto, para existir necesito actuar. Por medio de la acción, integrada al pensamiento, sucede la existencia del ser humano.

El pensamiento precede a la acción, pero no es suficiente sólo pensar sin actuar. Es la acción de nadar la que me convierte en nadador. El conocimiento es información en acción. Para existir debo actuar: "Pienso, siento y actúo, luego existo".

Un pensamiento puede generar una acción; de la misma forma, una acción puede generar un pensamiento. Toda acción está dirigida al mundo externo. Por tanto, pensamiento y acción constituyen una interacción de ambos mundos.

Un pensamiento, una fantasía, un sueño o un devaneo pueden generar una sensación física, un sentimiento, una emoción y viceversa. Por tanto, existe también una interacción entre los mundos exterior e interior.

Si un hijo (en el mundo exterior) agrede (acción) a su madre, es natural que él se sienta mal (área del cuerpo), pero si pensara en los motivos de la agresión (área de la mente), reaccionaría (acción hacia el exterior) respondiendo a ella.

Pero si la madre no manifiesta nada (no hay reacción), la fuerza que emplearía para la reacción acaba siendo utilizada para callarse (reacción hacia adentro). La agresividad que se guarda puede transformarse en depresión.

Así, puede comprenderse que la razón por la que la madre se deprime no es haber sido agredida, sino no reaccionar ante la agresión. No siempre la reacción ante una agresión es otra agresión. La madre puede encontrar alguna forma de dejar de "tragarse los corajes".

Los estímulos (acciones), pueden originarse tanto en el exterior como en el interior. Con sus reacciones, alguien puede cambiar el mundo exterior e interior. Esa capacidad de alterar el curso de los acontecimientos para mejorar su vida es una de las principales capacidades del ser humano.

La capacidad de nuestra mente es inconmensurable, mucho mayor que la concreción que percibimos por medio de los sentidos.

Una de las grandes diferencias entre el ser humano y el resto de los animales radica en la mente. Somos los únicos seres vivos capaces de tener valores superiores, de espiritualizar nuestras creencias, además poseemos la increíble capacidad del pensamiento abstracto que nos diferencia de los demás seres vivos. Sin embargo, podemos llegar a pagar un precio muy alto cuando esa área de la mente no funciona correctamente.

La mayoría de nuestros conflictos, traumas y problemas interpersonales se originan en la mente. La educación, aprendizaje, espiritualidad, compromiso, disciplina, ética, gratitud y ciudadanía, son también parte de la mente.

El equilibrio del caminante en movimiento

Es como si cada mundo (interior y exterior) fuera una pierna: para caminar por la vida en equilibrio es preciso usar las dos. Cada pierna; a su vez, tiene que estar apoyada en un tripié (tres dedos).

De poco sirve caminar si no existe una dirección. El ser humano siempre está en busca de un objetivo, y para alcanzarlo lo fragmenta estratégicamente en metas.

Para el individuo integral, la obtención de los objetivos materiales puede acarrear, finalmente insatisfacción, pues aprecia más el significado no material de todo lo realizado. Lo que más le interesa es el aspecto espiritual; es decir, da más relevancia a los valores que a las realizaciones materiales.

El sentido es algo que puede estar presente en todo, desde los primeros pasos de una larga carrera para llegar al podio, el lugar más cerca de Dios. Nuestro podio de cada día puede estar en el trayecto y no necesariamente en la victoria. Cada paso que damos, cada gesto que hacemos, cada pensamiento que creamos tienen, en sí mismos, una realización ética y nos aproximan a Dios.

La mente nos puede elevar hasta Dios, pero no saldremos de nuestro sitio si no movilizamos el área del cuerpo. La acción corporal, por sí misma, puede no tener sentido si no le damos una dirección, una meta, si no la espiritualizamos por medio de la **ética**.

Una persona puede creer que su pensamiento es ético, pero es en la acción donde la ética se manifiesta. La ética debería ser como el oxígeno de nuestro pensamiento para mantener la salud de nuestra vida: esencial, aunque casi invisible. La ética es discreta por principio.

Caminar con una sola pierna

Si una persona se mueve sólo en el mundo interior y actúa, tomando en cuenta nada más sus propios intereses, es egocéntrica, y aquí la llamaré *"yoísta"*.

En el caso opuesto, si sólo considera el mundo exterior, si actúa siempre para favorecer a los otros sin cuidar de sí misma, es altruista, y le daré el nombre de *"otroísta"*. No quiero usar el término "egoísta", por la connotación peyorativa que tiene; ni tampoco "altruista", por su connotación favorable. Tanto una cosa como la otra, ser "yoísta" u "otroísta", son características inadecuadas de la personalidad, ninguna es mejor que la otra.

El "yoísta" no repara en los medios a su alcance para lograr sus objetivos, manipula a los demás. El "otroísta" se pone en último lugar y se sacrifica en beneficio de los otros, haciendo a un lado sus metas. Ninguno es ético; el primero, por usar a los demás y, el segundo, por dejarse utilizar.

Una persona que sólo considera el mundo interior o el exterior para sus acciones no está integrada; es como si quisiera caminar con una sola pierna. Una persona saludable, en cambio, mantiene un equilibrio interactivo entre ambos mundos, porque sabe que sus piernas no existen aisladas en el tiempo y el espacio, sino que se apoyan en el *aquí* y el *ahora*.

El aquí y el ahora expandidos

Un ser humano no está aislado del resto del mundo, de la geografía, ni excluido de su tiempo, de la historia. Tiene dentro de sí toda la historia de la humanidad, incluyendo la raza (herencia biológica) y la etnia (herencia de comportamiento).

Gracias a la inteligencia y la creatividad, productos del pensamiento abstracto, el ser humano puede llevar el mundo geográfico al *aquí* y todo el tiempo del universo al *ahora*. Por tanto, en los individuos el *aquí* y el *ahora* se han convertido en uno "expandido".

El *aquí* humano se expandió tanto que hoy una persona puede reunir todo el planeta a su alrededor. El mundo se hizo pequeño. Los rigurosos inviernos y los abrasadores veranos ya no la afectan, porque se calienta en el frío y se refresca en el calor.

Cambió también la concepción de la distancia, que ya no se mide por kilómetros sino por horas de viaje. Incluso es posible saborear un manjar que no pertenece naturalmente a nuestro ecosistema.

El ahora humano no se limita al momento presente. Incluye los recuerdos del pasado y las previsiones para el futuro. Así, cada individuo tiene la capacidad de viajar en el tiempo.

Las personas que han sufrido un trauma hacen del *ahora* un *ahora expandido*, al traer al presente una experiencia difícil del pasado. Quien tiene miedo de un cachorro, por ejemplo, no ve el animal de ahora, su percepción está condicionada por el cachorro traumatizante del pasado, y ni siquiera es capaz de notar la indefensión del cachorro que tiene ante sí, el animal es tan sólo un túnel que lo comunica con el pasado traumatizante.

Pero existe otra pieza en la organización del ser humano para tener el *aquí* y el *ahora expandidos*, integrados en su comportamiento: se trata de su increíble poder de abstracción, que lo conduce a otras dimensiones que el resto de los animales no pueden alcanzar. Me refiero a la **espiritualidad**. El ser humano se eleva, busca las alturas, lo que lo trasciende, lo "superior".

Los valores superiores

Hay momentos en que las penas nos vencen; es decir, se desajustan los mundos interior y exterior, se nos mueve el piso, perdemos la noción del tiempo, pero no nos quebramos y sobrevivimos porque nuestro equilibrio se mantiene como si pendiera de un hilo invisible del mundo sobre nosotros, afianzado en los valores superiores.

Esos valores superiores forman hoy parte de la gran evolución por la que atraviesa la psicología, históricamente poco preocupada por valores espirituales.

Los valores superiores trascienden los instintos animales, la materia, el aquí y el ahora. Son los grandes rectores de la humanidad: amor (familiar y sexual), gratitud, ciudadanía, religiosidad, disciplina, solidaridad y ética.

Para las religiones, por lo general, el valor que está por encima de todas las cosas es Dios. Para los ateos, el valor máximo es el amor, que constituye una forma de religiosidad.

No existe ningún pueblo, primitivo o no, que no crea en algún tipo de divinidad. La religión es una construcción humana; por tanto, fue el hombre quien creó a Dios a su imagen y semejanza, y no a la inversa. La religión satisface la necesidad de sentir que existe algo superior a nosotros, que nos sostiene cuando todo parece perdido.

A continuación presentaré, sin pretensiones filosóficas, enfocándome en la vida cotidiana, un resumen de mis pensamientos sobre los valores superiores más importantes para la humanidad:

El amor: es un tercer elemento que se forma a partir del encuentro de dos personas. No existe antes del contacto, por eso tiene historia propia, identidad; contiene los ADN de sus protagonistas. En el amor verdadero, el vínculo que se desarrolla entre las personas es más grande que sí mismas. En nombre del amor ellas no se traicionan, incluso en la ausencia del otro. El amor también explica por qué un hombre, hace dos milenios, aceptó la crucifixión y la padeció para salvar a la humanidad. Su cuerpo murió, pero su presencia perdura hasta hoy aún en quienes no son cristianos y lo conocen. El amor de la madre por sus hijos muestra lo importantes que son, más aún que su propia vida. El amor existe en todas las formas de relaciones humanas progresivas.

La gratitud: es una sensación de bienestar y la acción de reconocer que hemos recibido un beneficio. La sensación placentera puede transformarse en un sentimiento que difícilmente se olvida. Para reconocer el beneficio es necesario identificarlo. Muchos niños no son agradecidos con sus padres porque ignoran el beneficio que han recibido, para que sean agradecidos, los padres deben enseñarles a identificar lo que otras personas hacen por ellos, y lo agradable que es recibir. Es de buena educación que se agradezca lo recibido. Hay que agradecer en voz alta, mirando al otro a los ojos; así, la gratitud adquiere un significado de retribución del sentimiento positivo que alguien tuvo hacia nosotros cuando nos hizo un bien. El principio fundamental es no tratar mal a alguien por quien sentimos gratitud. Por tanto, la gratitud genera sentimientos positivos; así, los niños necesitan aprender a ser agradecidos y a expresar su gratitud.

La ciudadanía: es una suma de actitudes y valores que se puede aprender en casa desde la niñez, por ejemplo, cuidando nuestros juguetes y guardándolos después de utilizarlos. Es la ciudadanía familiar. El que no cuida lo que tiene puede perderlo, el que sí, aprende el sentido de la propiedad, a respetarla, a preservar y a mejorar su entorno: cuidar de casa, de la escuela, de la sociedad, para salir de ese lugar, del mundo mismo, dejándolo mejor de lo que estaba cuando lo recibió.

La religiosidad: a las personas les gustan las personas. La fuerza gregaria hace que nos busquemos intentando lograr un amor horizontal, ... mismo nivel. Un recién nacido puede, de inmediato, identificar los rostros humanos, como si fuera algo atávico, casi genético. La religiosidad es una fuerza que cohesiona los seres humanos, una sensación que precede al conocimiento mismo de los demás. Al sólo ver a alguien, antes incluso de conocerlo, establecemos con él un contacto diferente del que establecemos con el resto del mundo. A los tres meses de edad, un bebé identifica a las personas y les sonríe, sin importar si son parientes, amigos o enemigos.

Si esa religiosidad estuviera por encima de las personas, probablemente el mundo tendría menos prejuicios, exclusiones, predisposiciones negativas hacia el contacto con extraños, y tendríamos relaciones interpersonales mucho mejores.

La religión es una creación humana. Personas relacionadas entre sí, que compartían las mismas creencias, establecieron y organizaron códigos de ética y valores, normas, jerarquías, rituales y sitios ceremoniales con patrones morales propios, fundando así una religión, espiritualizando la religiosidad. Se trata de una relación vertical entre la divinidad y el ser humano.

Así, la religiosidad precede a la religión. Es interesante observar que personas de diferentes religiones, incluso antagónicas, pueden unirse por este elemento, establecer matrimonios y uniones.

La disciplina: entendida no como un rancio autoritarismo, sino como calidad de vida, la disciplina es un valor que debe ser aprendido, desarrollado y practicado para lograr una adecuada convivencia social. Forma parte de ella el principio que postula que todo tiene un principio, un medio y un final. Así, debemos terminar lo que empezamos. No debemos quitarle nada a nadie, porque cada quien debe buscar lo que quiere, y no aprovecharse de lo que otro encontró; hacernos los listos y pasar por encima de los demás, perjudicándolos, no es un acto ciudadano; así, la disciplina se integra a la ciudadanía.

Todo tiene su tiempo. No se realizan grandes siembras ni se planta una flor si el clima o la temporada no son propicios; tampoco se cosechan los frutos ni la flor cuando uno quiere, sino cuando es momento. Para que la cosecha llegue, es necesario esperar. Y también debemos respetar el tiempo que requieren incluso los más pequeños actos de la vida cotidiana. No podemos viajar a la hora en que se nos antoje, sino cuando hay vehículos para ello (avión, autobús, auto, barco, metro, entre otros). No nos preocupamos por la salud salvo cuando nos hace falta; es decir, cuando estamos enfermos.

No se gana una competencia sin preparación, y tampoco se crean campeones sin competencia. La mayor libertad del ser humano es la posibilidad de elección, pero su mayor cualidad es la disciplina para realizar sus elecciones.

La solidaridad: es la capacidad humana de compartir con los demás alegrías y tristezas, victorias y derrotas, responsabilidades o necesidades. Cuando manadas de ñus africanos emigran en busca de agua y pastizales, siguen un comportamiento determinado genéticamente. Es instintivo, la fuerza de la migración es mayor que la de la solidaridad, mientras unos mueren, otros continúan el camino sin detenerse; en cambio, cuando un ser humano pierde la vida, guardar luto es un rito de solidaridad voluntaria que se comparte con otros que sufren la pérdida de alguien querido. Los sentimientos de querer ayudar a otro cuando está en problemas o, de compartir las glorias conquistadas, son manifestaciones voluntarias de la solidaridad que fortalecen la ciudadanía.

Compartimos los dolores y fortalecemos los vínculos. La solidaridad y el amor son entidades que, mientras más se dan, más crecen. En el milagro matemático de la vida.

La ética: si los padres son quienes enseñan a sus hijos, desde el inicio de la vida, el ejercicio de la ética, que se integra a sus valores. Lo que es bueno para una persona tiene que ser bueno para todas. Si un niño hace algo que entristezca a sus padres, por más inocente que sea, no es ético. Los padres no deben "tragarse los corajes" sino educar, explicar al pequeño que "no se hace algo si no es ético", nadie debe sufrir por lo que él hace. Ya lo mencioné aunque vale la pena repetirlo por la relevancia que tiene para la humanidad: la ética debe ser como el oxígeno de nuestro comportamiento para la salud integral de nuestra vida: que es esencial, aunque casi invisible. La ética es discreta por principio. Hitler era inteligente, competente, con iniciativa, un verdadero líder social, pero carecía de ética.

El techo que nos protege

Un niño entiende con el pensamiento concreto la protección que el techo nos ofrece para cubrirnos de todo lo que pueda caernos en la cabeza. Así también sus padres lo protegen, aunque a veces él no sienta que es protegido. Más adelante entenderá que la atmósfera protege a la Tierra, y que los valores superiores contra lo que nos aflige.

Los valores superiores no pueden corromperse por los valores materiales, pues deben formar parte de la esencia inmaterial y abstracta del ser humano. La materia tiene valor porque es necesaria para la sobrevivencia digna, pero si una persona necesita mucho poder, dinero o fama, es, seguramente porque sus valores superiores están ofuscados por las apariencias materiales.

El poder, el dinero y la fama, cuando son un producto de acciones progresivas, son bienvenidos. Pueden representar el éxito de los objetivos personales realizados éticamente.

Todo se vuelve más complicado cuando existe un apego hacia los valores materiales. Debemos recordar que el poder termina con la jubilación, el dinero cambia de manos y la fama es efímera. Todo se nos va de las manos, se escapa entre los dedos, y se pierde el sentido de la vida.

Una persona, para equilibrarse, debe apoyarse en ambas piernas (mundo interno y externo). Cuando una de ellas falla, la otra lo sostiene. Ambas se apoyan en el aquí *y el* ahora *expandidos. Cuando todo falla, nos apoyamos en los valores superiores.*

De viaje en Brasil, un extranjero se suicidó, ahorcándose. Se piensa que lo hizo porque no soportó la vergüenza de haberse corrompido por 900 000 reales. Se separó por un momento de los valores superiores y cometió la infracción. Cuando se dio cuenta de lo que había hecho, y recuperó la ética, no pudo soportarlo. Y al suicidarse, se desligó otra vez de esos valores, pues no hay nada más antiético que quitar una vida, aunque sea la propia. Habría sido más ético reconocer su error y luchar para resarcir los perjuicios ocasionados.

También es fundamental desarrollar esa conexión en los hijos, transmitiéndoles los valores superiores. Mostrarles que, solos, tendrán problemas en la vida. Por eso, la educación tiene que ser un proyecto mucho más amplio, que trasciende el hecho de saciar los deseos de los hijos.

En la adolescencia, la carencia de un proyecto educativo se muestra cuando la realidad de los hijos se aleja del sueño de los padres. O, peor aún, cuando los sueños son interrumpidos por pesadillas, cuando los padres descubren que su hija está embarazada, que sus hijos consumen drogas o tratan de suicidarse. Son señales de que los jóvenes no están preparados para equilibrar el mundo interior y exterior, que no tienen la visión del *aquí* y el *ahora* expandidos y, sobre todo, que no han establecido un vínculo con los valores superiores.

Capítulo 5

Sobrepasar la edad biológica

Una de las características de nuestra época es el ritmo vertiginoso en el que todo sucede. Grupos musicales, celebridades, noticias, marcas y modelos son rápidamente sustituidos por otros… Actualmente, una niña de diez años le pregunta a otra de quince: "En tu época existía…"

Otro signo característico es que los hermanos menores quieren hacer con precocidad lo que los mayores han hecho.

El que nada sabe nada teme. Por eso es tan fácil que los más chicos se arriesguen en actividades que harían titubear un poco a cualquier adolescente. Qué diferencia con la generación anterior, que le temía a lo desconocido.

Una de las formas de ayudarlos a crecer es aumentar su perspectiva para que vean más allá de su objetivo.

Ahora las niñas, apenas cumplidos los nueve años, ya quieren salir solas con sus amigas al centro comercial, usando lápiz de labios y cargando el celular en la bolsa.

Desde el punto de vista biológico, la adolescencia inicia cada vez más temprano, uno o dos años antes que en la generación de los padres. Desde el punto de vista psicológico, sin embargo, las cosas se han complicado bastante.

Hoy en día, los niños reivindican privilegios de adolescentes y sus padres les hacen caso. Es como poner un carro en manos de una persona que aún no sabe manejar y no tiene licencia.

Una investigación del Centro Brasileño de Informaciones sobre Drogas Psicotrópicas de la Universidad Federal de São Paulo, realizado en 2003, reveló un dato preocupante: los niños están accediendo al universo de las drogas a los diez años. Van a casa de sus amigos, juegan, usan la computadora, incursionan en lo que se les antoja, lo que incluye el consumo de sustancias no permitidas.

Los niños necesitan supervisión constante. Pero no hay que preocuparse tanto si sus diversiones no entran en conflicto con otras actividades, como despertarse temprano e ir a la escuela, dejar el Internet para comer con sus padres y mantener su rendimiento escolar.

Imitando a los mayores

La adolescencia precoz se manifiesta cuando las hormonas sexuales no se producen todavía, pero el niño imita los comportamientos típicos de la adolescencia. Su cuerpo es el de un niño, por tanto, biológicamente, no es un adolescente; su precocidad es conductual: social y psicológica. En otros capítulos abordo con amplitud otros rasgos de la generación *tween*.

Los niños se sienten con el derecho de hacer lo mismo que hacen los más grandes. Pero como es imitación, no comprenden las consecuencias de su comportamiento, ni tienen la capacidad de asumir las responsabilidades correspondientes.

Exigen que se les dé un teléfono celular, sin necesitarlo, quieren ir a fiestas de niños a las que ya no pueden entrar. A veces, inciden o pretenden determinar la escuela en la que estudiarán; lo más grave es que los padres les hacen caso. "Si no hay papas fritas, no como nada", y los padres se vuelven títeres de sus hijos.

Las decisiones importantes deben ser tomadas sólo por los padres. Las familias necesitan tener principios educativos básicos: coherencia, constancia, consecuencia. ¿Cómo puede un niño de once años enfrentar las consecuencias de sus actos? Si en esa edad transita el síndrome del quinto año.

Poder sin capacidad

Si le otorga a un niño ingenuo poder administrativo, verá lo que es el poder incompetente. Utilizo la palabra ingenuo no con una connotación negativa, sino como un sinónimo de falta de conocimiento. El que no sabe no puede ser capaz o competente de resolver un conflicto, por tanto, termina utilizando recursos inadecuados para superar la situación, como chantajes, berrinches, gritos, insultos, ofensas o agresiones. Es así como nacen los tiranos.

Los padres que son firmes pero no rígidos consiguen mejores resultados, la rigidez se quiebra con el movimiento, mientras la firmeza se fortalece. El fanatismo es rígido, las convicciones son firmes. Un cuerpo rígido no avanza, y no existe algo más cálido y afectuoso que un abrazo firme.

Hijos que concretan los sueños de los padres

Quizá los padres alientan esa precocidad cuando les parece que su compañerita de clase es su novia, y lo incitan a darle un regalo el 14 de febrero. Esto empeora cuando son los padres quienes compran el regalo para "la novia" de su hijo de tres años.

Es posible que el deseo de los adultos sea mayor que el de su hijo, y de ahí la motivación inadecuada; en este punto deberíamos preguntarnos: ¿Por qué los padres fomentan la precocidad?

Acudieron a mi consultorio una pareja y su hijo de trece años que no quería estudiar. La madre pensaba que estudiar era importante, pero el padre pensaba que no mientras que el hijo decidía a quién hacerle caso.

Dejar que el hijo decida cuando aún no tiene capacidad para hacerlo, es una manera de permitirle postergar su formación y sus responsabilidades.

Ambos, el padre y la madre, quisieran que el hijo realizara sus sueños, yendo y no yendo a la escuela, el hijo se valía de dichos sueños para obtener ventajas inmediatas.

Padres que nivelan la edad de sus hijos

Asimismo, la precocidad puede surgir cuando hay una pequeña diferencia de edad entre hermanos, y más si son del mismo sexo. Por ejemplo: los padres establecen que el hijo mayor, de trece años, sólo puede salir si va acompañado del menor, de once.

El hijo de trece no soporta a los de doce, y a los de once, como su hermano, mucho menos. Lleno de hormonas, quiere salir para verse con amigos, si debe acompañarlo su hermano menor como buen púber omnipotente, se sentirá incomodo y molesto por cargar con un "niñito" que, además de no entender sus bromas en doble sentido, es un ingenuo que permanece pegado a él.

Por si fuera poco, el hijo es incapaz de seguir el paso a los más grandes. No es posible exigirle lo que todavía no desarrolla.

El muchacho de trece está en la edad de la curiosidad sexual; el de once, en cambio, en la etapa de confusión de la pubertad. Una broma hecha por el mayor puede no causarle gracia al más pequeño. Si los grandes le preguntan: "¿Entendiste?", el chico responderá: "No", lo que generará carcajadas de burla, tal vez acompañadas de manotazos.

Con la imposición: "Sólo puedes salir si llevas a tu hermano", tal vez los padres piensan que fortalecen la relación entre los hijos. En verdad, sin embargo, propician un malestar entre ellos, y además de que fomentan la adolescencia precoz del más joven.

De esta forma, en vez de acercarse al sueño de ver a sus hijos unidos "como uña y carne", los padres generan peleas interminables, haciendo que sus hijos "se quieran sacar los ojos con las uñas".

Capítulo 6

De chica a madre en un paso

En la época del "ligue", el ritual del cortejo se ha abreviado al máximo, y los adolescentes suelen embarcarse en actividades eróticas muy libremente. Su falta de madurez los lleva a exponerse a situaciones de riesgo, que pueden tener consecuencias graves en sí mismos y sus familias, esto es más peligroso para las chicas que son quienes se embarazan.

La niña se convierte en mujer; es decir, adquiere la capacidad de embarazarse en un periodo de dos a cuatro años, y el muchacho de trece años puede ser fértil aún antes del estirón.

El enamoramiento, que antes tenía un significado afectivo, ahora tiene sobre todo una connotación sexual, regida por las hormonas.

"Ligar" es una actividad más sexual que emocional. Si los que "están ligando" se permiten seguir el curso biológico de las manifestaciones del enamoramiento, llegarán a la relación sexual y, con ello, a la consecuente posibilidad del embarazo, puesto que son fértiles.

Conclusión: hasta para "ligar" es necesario estar preparados y tener cuidado de no embarazarse. El embarazo precoz es un éxito biológico y un fracaso psicológico y social.

Del "ligue" al embarazo precoz

La madurez psicológica y social se logra mucho después que la biológica. Así, los que están "ligando" pueden quedar atrapados en la biología.

En la evolución que conduce a la relación sexual, las caricias pasan de lo sensual y erótico a lo sexual. El cuerpo pide que se cumpla con lo biológico; es decir, busca la saciedad sexual, que llega con el orgasmo.

Para quien ya "ligó", quien ya tuvo relaciones sexuales, las caricias caminan rápidamente por el curso que el cuerpo ya conoce, que hacen que el macho quiera penetrar a la hembra y ella desee ser penetrada.

Para el que ya "ligó" pero no ha tenido relaciones sexuales, el control de las caricias sensuales, o incluso eróticas, es más fácil porque el cuerpo aún no ha abierto el camino hasta la relación sexual.

Para la pareja que ya "ligó", quien ya tuvo relaciones sexuales quiere volver a tenerlas, pero quien nunca las ha tenido se puede controlar y detenerse antes de ello; por tanto, la relación es desigual, pues uno ya no quiere seguir y se siente bien así, mientras que el otro no está saciado y anhela siempre más.

Es en esa diferencia donde radica el peligro. Por lo general el muchacho, que es más atrevido, más experimentado, tiene más prisa y es incluso mayor, quiere llevar siempre a la chica por caminos que ella desconoce.

La muchacha, generalmente, cree que tanto empeño en el "ligue" puede ser amor, cuando en realidad es sólo excitación. Ella se entrega apasionadamente a quien sólo la desea sexualmente; de hecho, tras sostener relaciones sexuales, ella descubrirá que el interés de él empezará a decaer cuando esté satisfecho sexualmente.

El embarazo en la adolescencia

Uno de los mayores problemas de la adolescencia es el embarazo, aunque puede evitarse. Quizá el objetivo principal de este capítulo es hablar abiertamente del embarazo en las conversaciones familiares, entre padres e hijos, entre hermanos, para que cada miembro tenga la suficiente confianza para saber cómo prevenirlo. Es difícil que un joven prevenga algo que no conoce.

A continuación, presento los principales puntos de un grave problema social: el embarazo en la adolescencia. Los datos fueron recabados de investigaciones recientes realizadas por instituciones serias, y fueron publicados en revistas de difusión nacional en Brasil.

- Según el Instituto Brasileño de Geografía y Estadística, la adolescente brasileña tiene más posibilidades de quedar embarazada (14 por ciento) que de terminar una carrera universitaria (7 por ciento).

- Una de cada diez estudiantes brasileñas se embaraza antes de los quince años. En Brasil, la tasa de fertilidad aumenta en esa franja de edad.

- De 1970 a 1991, los índices de embarazo entre los quince y diecinueve años aumentaron 26 por ciento.

- Las jóvenes embarazadas precozmente hacen a un lado sus proyectos y sueños para asumir una responsabilidad que las rebasa.

- Cerca de 72 por ciento de las embarazadas adolescentes regresan a vivir con sus padres; 65 por ciento pertenecen a familias que ganan un salario mínimo *per capita* y 70 por ciento son desempleadas. En otras palabras, en las clases desfavorecidas, las madres adolescentes agudizan el problema social de la pobreza.

• Si la joven pertenece a la clase media, el embarazo precoz complica los estudios y, por tanto, sus posibilidades de concluir una carrera y de relacionarse. Adicionalmente, el embarazo es una carga para los abuelos.

• A pesar de que poseen mucha información, las adolescentes siguen creyendo en mitos como el que afirma: "No hay peligro de embarazarse en la primera relación".

• Los chicos se niegan a usar condón, temen que éste reduzca su placer o les cause dificultades de erección.

• Las chicas temen insistir en que su compañero use condón. En una investigación del Instituto Ciudadanía, donde participaron 3500 jóvenes, 54 por ciento de las chicas reconocieron no haber usado condón en su última relación sexual.

• Ellas, a su vez, rechazan la píldora anticonceptiva porque "engorda". Conocen los medios de anticoncepción, pero los usan de manera insuficiente.

  Recurren a la píldora del día siguiente, que tiene un alto índice de ineficacia, más de 20 por ciento, contra menos de 1 por ciento de la píldora anticonceptiva.

• 40 por ciento de las adolescentes que se embarazan tienen otro hijo menos de tres años después.

Para jóvenes cuidadosos y responsables, estos datos pueden ser muy pronto transformados en conocimientos y puestos en práctica para prevenir embarazos no deseados.

Cuando una chica se convierte en madre

Una adolescente puede soñar con ser mamá un día, en el futuro; embarazarse y tener un bebé. Un día, cuando tenga las condiciones físicas, psicológicas, sociales y económicas adecuadas.

Para embarazarse, hoy en día, es necesario que una mujer haya madurado biológicamente y esté preparada desde el punto de vista psicológico, tenga un compañero para formar una familia, y dinero suficiente para mantener al hijo y educarlo.

El compañero debe ser un hombre maduro, psicológicamente preparado para formar una familia, y con una fuente de ingresos estable (empleo, oficio, herencia), que garantice los gastos que genera una familia.

Aunque conscientemente no desee un hijo, si una mujer, sin importar su edad, queda embarazada, el deseo aparece porque el instinto maternal entra en acción. Ya embarazada, sin importar si la gravidez fue planeada, si fue un descuido o resultado de una violación, nada la detendrá para continuar con el embarazo. Es la ley biológica de este proceso.

Cuando un chico se convierte en padre

Mientras todo se desarrolla en la psique y en el cuerpo de la mujer, ¿qué pasa con el hombre?

El hombre de las cavernas ni siquiera sabía que era el responsable del embarazo. Ni él ni la mujer sabían de qué manera se producía este hecho; sólo cuando el ser humano dejó de ser nómada y empezó a echar raíces en la tierra, al descubrir la agricultura, empezaron a crearse los grupos humanos y a funcionar como familias; entonces se descubrió la paternidad. Hace más de doce mil años.

Por tanto, el hombre no puede saber si es padre o no, porque su cuerpo no se prepara para ello, ni sufre cambios hormonales para ser padre, él continúa con su papel biológico de reproducirse y diseminar su semen. El hombre lo esparce por el universo, pero quien garantiza su sobrevivencia es la mujer.

Hoy en día, el reconocimiento de la paternidad se integra a la evolución de la humanidad.

Capítulo 7

La habitación del adolescente

El adolescente necesita un espacio propio. Su habitación, generalmente, es su refugio. Refleja su estado de ánimo, las crisis que atraviesa e, incluso, el estilo que adopta. Por tanto, es de esperar que esté algo desordenado y que sea diferente del resto de la casa, porque así muestra una parte de su autonomía conductual.

El desorden aparece cuando el cuarto está mal arreglado —la cama está sin hacer, la ropa desacomodada, los adornos fuera de lugar—, pero limpio. En cambio, el caos se presenta cuando en el cuarto, además de estar desordenado, la ropa está revuelta, sucia con limpia, basura, restos de comida, trastes usados, polvo y telarañas, etcétera.

Es necesario intervenir en las habitaciones caóticas. En ocasiones, la tarea de limpiar el cuarto es una función de empleadas o recamareras, pero si es el territorio del adolescente, es él quien debe cuidar lo que le pertenece.

La relación que el joven establece con la empleada doméstica es un ejercicio donde él debe aprender a tratar con educación a las personas que le prestan servicios. Son empleados, no esclavos. Por tanto, necesita saber agradecer a la empleada que lo ayudó.

Es una mala costumbre salir de casa dejando el cuarto desordenado y caótico. Si así lo hace, llega a acostumbrarse a subsistir en medio de la suciedad y le parece natural vivir en un basurero.

Quien no sabe usar su territorio no está preparado para tenerlo; por tanto, tiene que regresarlo a los padres; es decir, pasa a ser de nuevo un territorio al cuidado de ellos, quienes podrán devolvérselo poco a poco al joven, de acuerdo con sus aprendizajes y logros.

Es muy parecido a manejar un carro solo. Si el joven choca con frecuencia o tiene accidentes, es porque aún no está preparado para esta responsabilidad, entonces hay que volver al principio. No sirve de nada quitarle el carro, eso interrumpe su aprendizaje, necesita aprender a manejar, esmerarse y, cuando esté preparado podrá recuperar el auto.

Los perezosos que habitan el caos

Los jóvenes que he atendido en consulta, cuyo cuarto es un caos, en general son perezosos. Todo perezoso lo es gracias a la falta de agobio que se los permite. Es raro que el perezoso quiera cambiar pues los cambios necesitan provenir de los agobiados.

Hasta que tengan la suerte de enamorarse de una muchacha que deteste el caos, es necesario que los "agobiados" se rebelen contra esa tiranía, aunque los "perezosos" sean simpáticos y agradables.

Hay perezosos que se extienden mucho y son invasivos, así, acaban atacando los armarios de los demás porque no encuentran su ropa, toallas, etcétera. En estos casos, sugiero que nadie cuide sus ropas ni se las lave, sino que protejan lo suyo.

Los perezosos están acostumbrados a tirar al suelo las cosas sucias y usadas porque éstas resurgen mágicamente limpias y planchadas en su armario días después.

Hay dos medidas que la familia agobiada puede tomar, que aunque son complicadas, resultan muy eficaces:

•Niéguese firmemente a prestarle al perezoso su ropa, que con tanto esfuerzo ha lavado y conservado limpia. No es ético que el perezoso se sirva de la ropa ajena que es guardada con cuidado. Si es necesario, ponga llaves o candados en los roperos o armarios. Esto se aplica también para las toallas limpias.

•Ayude a arreglar el cuarto desordenado, poniendo una gran bolsa de plástico, donde el perezoso coloque la ropa usada y las toallas mojadas. Si no lo hace, vale la pena empezar a "ayudarlo". Cualquiera que pase por su cuarto, pueda tomar la primera cosa que esté tirada en el suelo o en un lugar inadecuado, y meterla en la bolsa de "basura". En esa bolsa estará todo lo que no está en orden. Para que funcione, no se le debe dotar de toallas o ropa limpia.

El perezoso se negará a usar las toallas mojadas y húmedas después de bañarse. Y, por supuesto, querrá utilizar la primera toalla limpia y seca que encuentre, pero como éstas estarán bajo llave, no tendrá acceso. Es probable que enfurezca, pero sólo así aprenderá a cuidar sus toallas, para tener siempre una toalla limpia, seca y fragante para secarse después del baño.

Aislado en su cuarto y conectado al mundo

En la generación pasada, encerrar al hijo en su cuarto era uno de los castigos más comunes que los padres aplicaban cuando éste hacía lo que no debía o no hacía lo que debía. En el cuarto se permanecía aislado de la convivencia familiar y de los amigos, era una oportunidad para reflexionar en torno al propio comportamiento.

Actualmente, en cambio, encerrarse en su cuarto es estar lejos de la familia, pero cerca del mundo gracias al Internet, el teléfono o la televisión...

Es común oír en los jóvenes algo similar a lo que me dijo una paciente de dieciséis años:

"Mi cuarto es mi mundo. Apenas llego a casa corro hasta allí. Me conecto a Internet, entro a mi blog y escribo lo que quiero: pensamientos, mensajes, historias, fantasías, frases bonitas… Es como mi diario, donde siempre digo la verdad. Algunas veces quiero mostrarme, y otras, esconderme. Hay días en que escribo que a una amiga mía le gusta un chavo. Esa amiga soy yo, encubierta, para saber lo que el chavo piensa, para saber si tengo chance con él, porque sé que lee mi blog. El Messenger me avisa que quiere chatear conmigo, entro y platico un poco con él. Ya casi no uso ICQ. Mando y recibo mensajes por el celular. Y todo esto mientras estudio un poco, con la televisión prendida, pero sin sonido. ¡Uf! ¡Es increíble!"

Así, hay muchos jóvenes que ya no necesitan salir de casa para ir a la esquina o a la panadería, porque a su cuarto llegan las esquinas y panaderías virtuales. En éstas, como en las otras, hay buenas y malas compañías y buenas y malas mercancías. Se tiene la seguridad física de estar dentro de un cuarto en la casa, sin embargo la inseguridad virtual los acecha.

Cuando el hijo no sale de su cuarto, si la madre está dispuesta, podría preparar la cena en dos charolas, para él y para ella, llevarlas hasta allí y convivir mientras cenan. Por supuesto, antes necesita preguntar si lo puede hacer, para no correr el riesgo de ser invasiva e inconveniente.

Las comidas están entre las pocas oportunidades que la familia tiene para convivir. No se trata nada más de sentarse para comer: el alimento más importante es el afecto, nutrido con comidas relajadas y alegres, en la que los miembros de la familia se cuentan sus cosas, lo que están haciendo, anécdotas divertidas, etcétera, sin ponerse a hacer cuentas, sin reclamar nada y sin pleitos.

La formación de un ciudadano

Si un hijo no cuida sus cosas, ni su habitación, no podrá aprender a cuidar su casa. Entonces, ¿cómo esperar que sea cuidadoso con la sociedad?

Para desarrollar la ciudadanía, el hijo tiene que aprender que lo que es bueno y confortable para uno no debe perjudicar a los demás. El hijo debe empezar a practicar la ciudadanía familiar dentro de su hogar.

Un hijo puede estar acostumbrado a vivir en el caos, pero no imponerlo a quien le desagrada.

Estar acostumbrado a algo no significa estar bien. No porque el hijo esté acostumbrado al caos significa que es saludable. Si su familia se siente incómoda con la situación, él tiene que madurar, progresar, y transformar su entorno en algo ordenado, la familia no debe retroceder aceptado el comportamiento retrógrado del hijo.

En vez de criticarlo una y mil veces, es necesario exigirle que arregle su cuarto, estableciendo los perjuicios que acarreará no hacerlo. Se trata, en síntesis, de aplicar el principio de la coherencia y la constancia.

Consejos para organizarse

Los hijos deben aprender a organizarse desde pequeños. Si los niños de dos años ya saben separar juguetes por categorías, ¿por qué los adolescentes revuelven los tenis con discos compactos y las camisetas con sándwiches y libros? ¿Qué fue del sentido de la organización?

Es necesario que se ejerciten para recuperarlo. La habitación debe volver a ser un refugio. Cada cosa en su lugar: la camiseta donde van las camisetas, los libros en el librero. Y que haya una caja donde se ponga todo lo que esté fuera de lugar, en desorden, y donde quepan todos los objetos que ocasionen el caos. Cada cosa en su lugar, la basura en el basurero y lo que no está en su lugar en la "caja del desorden".

Es importante que el hijo aprenda desde pequeño a cuidar sus cosas: ropa, baño y cuarto, entre otras.

No es bueno que la madre proteste ante el desorden mientras hace lo que él debe hacer. Mucho mejor es, en cambio, si ella permanece alegre y de buen humor, pero no cumple las obligación de su hijo, e incluso es firme a la hora de exigir el cumplimento de una orden. Ser firme no equivale a gritar, agredir, o estar nerviosa, es sostener con solidez una opinión, aunque el hijo se revuelque en el piso y la mire con ojos de becerro.

Los padres deben recordar que todo momento es bueno para aprender. Si el hijo ya aprendió, es tiempo de exigirle que ponga en práctica lo que sabe hacer. Sólo la práctica conduce al hábito.

Capítulo 8

El adolescente: un dios con pies de barro

Una pareja, desesperada, me trajo una carta que encontró sobre la mesa del desayunador, era de su hijo, una carta de despedida, dirigida a ellos y a sus amigos.

El muchacho escribió que se suicidaría; consideraba que su vida había terminado cuando la muchacha en la que estaba interesado ya no quiso saber de él. "Murió mi esperanza, y con ella todo está muerto para mí", escribió. Se sentía un perdedor, sin trabajo, sin un título, aunque, decía: "Soy buena persona, tengo una linda familia y los mejores amigos del mundo, y los amo a todos y la seguiré amando a ella, donde quiera que esté", continuaba: "La vida de todos es hermosa, divertida, menos la mía…". El texto concluía con una petición y una despedida: "Por favor, que me entierren al lado de X, o que me incineren y arrojen mis cenizas al mar, donde pueda jugar por toda la eternidad con las ballenas. Adiós a todos. Si ven una estrella solitaria en el cielo, ése seré yo".

Cuando leí la carta, el muchacho había recibido ayuda a tiempo, para evitar lo peor.

Otro chico no tuvo la misma suerte. Era un hijo excelente, estudioso, jamás había bebido. Hizo el examen para entrar en la universidad y fue aprobado. Cuando supo el resultado, salió a festejar con sus amigos; bebió más de la cuenta y murió al estrellar su carro en una de las carreteras de São Paulo.

Hay casos aún más trágicos, como el de una pareja de enamorados que planeaba vivir un sueño de amor entre el príncipe y la princesa, viviendo en el "castillo" de los padres de la princesa. El sueño se convirtió en una pesadilla interminable. Los padres fueron víctimas de un crimen horrible que sacudió no sólo a la ciudad de São Paulo, sino a todo Brasil y a otros países. Los novios y el hermano de él los mataron a puñaladas, mientras dormían.

Aunque distintas, las tres historias tienen un común denominador: el sentimiento de omnipotencia juvenil. En todas, los jóvenes ejercen un poder sobre su propia vida y sobre la de los demás.

La personalidad es como la palma de la mano

Podemos comparar la personalidad de alguien con la palma de la mano, y los dedos, con sus diversos papeles o funciones.

Cada persona tiene diferentes papeles. Un adulto es chofer, marido, profesionista, padre, hijo, proveedor, etcétera; un adulto saludable no piensa suicidarse cuando tiene algún problema en uno de sus papeles.

Un adolescente, o una persona que no haya madurado, no distingue muy bien la diferencia entre la palma de sus mano y los dedos. Muchas veces siente que un dedo es más importante que la palma, entonces, el más pequeño detalle echa todo por tierra.

La idea del suicidio, en la historia del primer joven, llega en un momento de desesperación emocional por haber sido rechazado. Para él era tan importante ser aceptado y amado por esa chica, que las cosas buenas que sabía que lo rodeaban, como su familia, amigos y escuela, se cubrieron por el manto de la depresión.

Es la ley del todo o nada, muy común en la omnipotencia. Cuando está en el "todo", siente tener el máximo de fuerza vital y, en seguida, cuando cae en la "nada", se siente al borde de la muerte, de la nada. Cuando trató de suicidarse, ejercía su poder sobre la vida, sólo que del lado de la muerte.

El muchacho que intentó suicidarse se sentía tan omnipotente que no reconoció que otras personas podían ayudarlo. Le faltó la sabia humildad de confiar en sus padres y sus amigos.

Para quien tiene un poder verdadero, sus pies no son tan débiles al extremo de querer matarse por eso. La omnipotencia exagera la sensación subjetiva de poder. Sentirse poderoso es normal en un ser humano saludable, pero tener un poder absoluto; es decir, sentirse omnipotente, está fuera de la realidad. El poder real está en la palma de la mano, que gobierna a los dedos, y no a la inversa.

El examen de ingreso a la universidad y el sentimiento de omnipotencia juvenil

El examen de ingreso a la universidad determina el futuro universitario del estudiante. Ser aprobado genera una gran alegría para él, su familia, sus parientes cercanos y amigos porque representa un paso importante en la vida.

Sin embargo, algunos de los que aprueban se sienten superiores a quienes lo logran.

Esa "superioridad" puede ser otro dato que se agrega a la sensación de omnipotencia juvenil. Es como decir: "Si ni siquiera este examen me detuvo, nada en el mundo lo hará".

Estos jóvenes se vuelven arrogantes, antipáticos y convivir con ellos es cansado; pasan el tiempo exagerando las razones por las que fueron aprobados.

Muchos padres regalan un carro a sus hijos que entran a la universidad. Finalmente, han alcanzado otro nivel de vida, otro estatus. A partir de allí, convertirse en un gran profesionista es cuestión de tiempo.

Hay padres que se someten a los caprichos de los hijos que lograron ingresar a la universidad porque ellos mismos no pasaron de la preparatoria. Y es aún peor cuando son los hijos quienes se encargan de hacerlo notar con el fin de menospreciar a sus padres.

Por suerte, la mayoría de los que hijos que entran a la universidad y cuyos padres no llegaron a ese nivel educativo, están orgullosos de ellos, porque, precisamente sin haber estudiado, le han dado todo, incluida la oportunidad de cursar otros grados académicos.

Un dios en cuatro ruedas

Una persona equilibrada no se siente un dios sólo porque se atreve a pisar a fondo el pedal del acelerador; sin embargo, hay quienes se transforman cuando están al volante. ¿Qué sucede?

Son individuos que se fusionan con la máquina, se sienten más poderosas cuanto más potente es el auto, se perciben invulnerables dentro de la armadura metálica que los contiene, es como si fueran reyes y el auto, su palacio. Debe tener cuidado quien se acerque, quien se pone a su lado podría morir. El adolescente y el auto, desde su punto de vista, son uno solo.

Puede ser que nadie repare en un joven un poco tímido en una fiesta, pero en la calle no es posible ignorarlo ya que su personalidad se transforma al volante, se vuelve un dios. En su carro es un dios que habla en voz alta (por medio del claxon); hace escándalo (con el escape); tiene prisa (hace chillar las llantas en los arrancones), y se detiene (como si estuviera en un aparador, pues el joven omnipotente y su carro se quedan estacionados, pegados uno al otro), mostrándose para ser admirado por quienes anhelan estar en su lugar. Les ha ganado a todos. Aunque el carro sea de su papá.

Nadie niega el poder ni la comodidad que un carro ofrece a quien lo usa, pero esto no transforma a su propietario en dios. Sin embargo, el adolescente tiende a sentirse superior al volante, y su estima crece provisionalmente, mientras compite en potencia, velocidad y pericia contra los otros "pilotos".

El alcohol y su efecto en el superego

La primera estructura psíquica que el alcohol embriaga es el superego, responsable del control social del comportamiento del ser humano.

El superego empieza a formarse cuando el niño aprende los patrones de conducta vigentes en su entorno. Un superego muy exigente y rígido ocasiona inhibición y timidez, la persona siente que no puede equivocarse en nada.

Tras los primeros tragos, cuando el bebedor comienza a despojarse de la inhibición, se carcajea o quiere abrazar a los demás; es decir, cuando hace cosas que no son comunes en él, significa que su superego se está afectando. Junto con la taquicardia y la sensación de calor que provoca el alcohol, sumado al debilitamiento del superego, el bebedor queda completamente a merced de sus instintos básicos y dice y hace lo primero que le viene a la cabeza.

Ya está alcoholizado, aunque tenga menos de un gramo de alcohol por cada litro de sangre, y se siente completamente libre para hacer todo lo que quiere, sin darse cuenta de hasta qué grado su coordinación visual y motora han sido afectadas. Sus reacciones son más lentas, y su capacidad de juzgar las situaciones disminuye. Aquí aparece el sentimiento de omnipotencia alcohólica, que es un estado crítico donde se pierde la noción del riesgo.

Un joven promedio alcanza ese nivel con tres latas de cerveza o una copa y media de whisky, con los cuales ya tiene de 0.6 a 0.9 gramos de alcohol por cada litro de sangre.

Cuanto más se alimenta la concentración de alcohol en la sangre, es mayor la posibilidad de un accidente. Con cinco latas de cerveza, la posibilidad de sufrir un accidente es seis veces mayor al promedio. Con siete latas, la posibilidad es 25 veces más alta.

Aunque carezca del sentimiento de omnipotencia juvenil, ni tenga antecedentes provocados por el alcoholismo, el joven que pasó el examen de entrada a la universidad está tan feliz y se siente tan victorioso como todos los que aprobaron junto con él. "¡Sí-se-pudo!", grita una y otra vez.

En medio de su euforia, la mejor forma (alcohólica) de celebrar es bebiendo con los amigos. Cuando están en grupo, los jóvenes suelen aumentar la cantidad de alcohol que ingieren, se ha probado que cualquier joven bebe mucho más cuando está con sus amigos que cuando está solo.

Independientemente de las razones que motivan al joven a beber, el alcohol tiene su propio funcionamiento dentro del cuerpo, determinado químicamente y no de acuerdo con la voluntad del bebedor.

Se despidió alcoholizado del grupo y se subió a su carro. Ése fue el último recuerdo que dejó en sus amigos. Otro joven que se creyó omnipotente muere alcoholizado en un accidente de tránsito en las calles de la ciudad.

El sentimiento de omnipotencia que generan las drogas

Lo más trágico es que el alcohol y las drogas aumentan la sensación de omnipotencia. El joven se siente cada vez más poderoso y cree que controla su consumo, que no se volverá un adicto. Eso, claro, no es cierto, ya que las drogas siguen su propia ruta bioquímica en el organismo, misma que no es trazada por la voluntad de quien consume.

El único control que los jóvenes pueden ejercer en relación con las drogas está fuera de su organismo: es decir, no consumirlas. Si las usan y se equivocan en la dosis, corren el riesgo de una sobredosis, y si manejan alcoholizados, además, pueden tener un accidente.

Actualmente las chicas también abusan de las drogas, y su comportamiento y actitudes son tan o más peligrosas que las de los chicos.

*Todo sucede en la intimidad bioquímica de los neurotransmisores del cir-
cuito del placer. El cerebro tiende a repetir lo que le da placer. El placer
lleva al cerebro a buscar la droga.*

Es común que un joven salga de casa con la intención de no consumir drogas. Cuando se encuentra con sus amigos, o bebe una
cerveza, consume. Al volver a su hogar no entiende por qué lo hizo,
no comprende que las drogas hacen que el cerebro registre el placer que ocasionan y necesite más. El joven cree tener la voluntad
de resistirse al uso de las drogas, pero no posee el control aunque
lo crea.

El sentimiento de omnipotencia y el enamoramiento

*Una pareja de jóvenes menores de 18 años, enamorados, dijo a sus padres
que irían de viaje con amigos, pero se fueron solos a un lugar que desco-
nocían, querían vivir su gran amor todo el fin de semana.*

*Todo hubiera transcurrido normalmente, y los padres ni se habrían
enterado, de no haber sido porque fueron brutalmente asesinados.*

*La pareja, sin preocuparse mucho, fue a un municipio lejano de São
Paulo. Pasaron la noche en una choza abandonada a orillas de un camino poco transitado, durmieron en el piso. Tal vez pensaron que vivían un
"sueño de amor en una cabaña escondida en el bosque".*

La pregunta quedó en el aire: ambos jóvenes eran de clase media y
media alta, estudiantes de buenas escuelas, con alguna experiencia,
viajes, y otras cosas, entonces, ¿por qué fueron a ese lugar? Era un
sitio desolado, que servía de refugio a los delincuentes, donde ni la
policía se asomaba. Con toda seguridad la choza estaba llena de
insectos, sin las mínimas condiciones para que alguien se atreviera
a entrar; sin embargo, y la pareja decidió pasar allí la noche… Una
decisión que no se puede entender.

Son como Romeo y Julieta, capaces de hacer todo para vivir su amor. No consideran peligros, ni riesgos, ni la posibilidad de un embarazo. Hacen a un lado las relaciones con los demás, sobre todo con los propios padres. Como si todo fuera a suceder de las mil maravillas, y la vida pudiera transcurrir incluso en una choza, siempre y cuando haya amor...

... y en esta historia la realidad mostró su lado más duro y cruel.

Capítulo 9

La sexualidad feliz

Se ha dicho siempre que el hombre está más interesado en el sexo que la mujer, y que ella está más interesada en el amor. Lo que no se sabía es que esas diferencias son producto de la acción hormonal: testosterona, estrógeno y progesterona.

Es importante comprender la forma en que las hormonas incide en nuestra conducta para tener un mayor control y aprovechamiento de la vida afectiva y sexual, empleando lo que Eliezer Berenstein, ginecólogo y obstetra, ha llamado la "inteligencia hormonal".

En el caso de la mujer, conocer la influencia de las hormonas le permite no quedar sometida a los altibajos del ciclo menstrual, sino administrar esas oscilaciones, utilizando la inteligencia racional (capacidad de adaptarse y resolver problemas) y la inteligencia emocional (capacidad de armonizar emociones para solucionar problemas). Así, el ciclo menstrual no necesita victimizar ni sacrificar a la mujer.

Aunque el hombre no esté sujeto a fluctuaciones hormonales, también puede optar por no ser rehén sino socio de la testosterona. Si el hombre desarrollara su inteligencia hormonal, entendería por qué las mujeres tienen comportamientos sexuales tan distintos de los suyos, y así podría vivir la intensidad del amor en el área en donde mejor se revela: la sexualidad humana.

Si la mujer, por su lado, supiera cómo funciona la mente masculina, cuáles son en la cama los puntos débiles y las fortalezas de los hombres, podría tener una vida sexual mucho más plena y satisfactoria, gozando de orgasmos múltiples y llevando a la locura a su compañero (aunque éste sea monótono, insípido y aburrido).

Los hijos, al crecer con el conocimiento de las influencias hormonales en sus comportamientos, tendrán menos dudas, conflictos y problemas que enfrentar…

Este capítulo aborda diversas aristas del tema que es crucial, útil, importante y significativo para la salud sexual, personal y relacional.

Las edades sexuales

Cuando el muchachito empieza a producir testosterona, todavía no entiende lo que le sucede. Tiene ganas de tocarse los genitales y siente curiosidad por el sexo femenino. Les encanta espiar por las rendijas de las puertas, por las cerraduras, por las ventanas. Se masturban con frecuencia, corren tras los espermatozoides. Es la "edad del monito": los chicos "se pelan la banana" todos los días.

Las niñas atraviesan por esa edad de manera diferente: se reúnen con entusiasmo y alboroto para hablar de sí mismas. Suspiran en sueños por su príncipe encantado, y rivalizan con otros grupos femeninos. De pronto, las sorprende la menstruación.

El muchacho, por razones hormonales, se lanza frenéticamente en busca de una relación sexual, sin importar con quién. Es la edad del grajo. En esta etapa, el instinto sobrepasa la educación en busca del desempeño sexual.

Últimamente ha sucedido que la primera relación sexual del muchacho es también la primera de la chica. Ambos sienten más seguridad y confianza cuando están en igualdad de condiciones. Nadie le exige nada a nadie.

Para las chicas en la edad del grajo lo importante es enamorarse, no importa de quién. En la etapa del ligue, el número de personas con las que ligó es más importante que sus características. Si para ellos, en esta etapa, lo que cuenta es cómo tener relaciones sexuales sin enamorarse, para ellas sucede al revés: desean que alguien que sólo quiere tener relaciones sexuales se enamore de ellas.

Esa diferencia fisiológica entre lo femenino y lo masculino debe haber sido una de las bases del machismo, del que prevalecen huellas en las conductas sexuales.

Sin embargo, puede observarse un gran avance social a partir del momento en que las mujeres se rebelaron contra el machismo, y la gran mayoría de los hombres aceptó la igualdad sexual. Actualmente una buena parte de los hombres da mucho más importancia a la relación, y una gran parte de las mujeres da bastante importancia al sexo.

El despertar sexual

La pubertad de las niñas llega con el incremento de la producción de estrógenos, las hormonas relacionales típicas de la hembra humana. Después de que maduran algo más, aparece la progesterona, responsable de la menstruación y el embarazo. Más tarde, la prolactina se encarga de la producción de leche materna.

La niña se hace mujer y tiene la posibilidad ser madre. En cada ciclo menstrual se repite el esquema. Cuando acaba la menstruación, el nivel de estrógenos aumenta, a fin de preparar la ovulación mensual.

En la primera mitad del ciclo, la mujer tiene un aspecto más exuberante y atrayente, con la piel suave y el cabello suelto. Cuanto más estrógenos estén en circulación, su ropa será más pequeña y ajustada, mostrando más su cuerpo. No camina, se bambolea. Su voz se agudiza y adquiere un tono sensual, sus labios parecen más carnosos, los cambios permanecen hasta el día de su ovulación, equivalente humano del celo animal.

El estrógeno tiende a hacer más bella y exuberante a la mujer, con el fin de que resulte más atrayente para el macho, que está siempre en celo. Una fuerte atracción sexual hace que el hombre pierda la cabeza y se enamore de la hembra que lo atrajo. Así, la hembra atrae al macho que la elegirá.

Cuando el óvulo es liberado, el nivel de progesterona aumenta; ella utiliza ropa más amplia, que le cubre más el cuerpo. La mujer, ahora, sale a hacer compras, cuida de la casa. En la segunda parte del ciclo menstrual muchas se sienten hinchadas, irritadas, deprimidas, o todo al mismo tiempo. El cuerpo femenino se prepara para la maternidad, y ella se recluye para hacer su nido.

Si no hay embarazo, se presenta el sangrado menstrual e inmediatamente recomienza la fase de atracción del sexo opuesto. Si hay embarazo, el nivel de progesterona se mantiene elevado.

Cuando el novio o la novia duerme en casa

Los padres son más tolerantes y receptivos a los amigos de las jóvenes, por todo lo que implica una amistad. Pero todo cambia si hay un enamoramiento, porque los padres se preocupan por la vida sexual y sus consecuencias. Puede ser que no se presente ningún problema, pero siempre existe la posibilidad de un embarazo, entre otras dificultades.

Se acepta más que el hijo invite a su novia a dormir en casa, a que la hija invite al novio, sucede por los remanentes machistas que persisten hoy en día. Pero las complicaciones posibles implican a la pareja de novios y no sólo a uno de ellos; por tanto, las familias saludables deberían tener cuidado independientemente del sexo de sus hijos. La pareja es la que se embaraza, no solamente la mujer.

Los grandes enamoramientos son característicos de la etapa de omnipotencia juvenil, cuando el entusiasmo por la vida, la adrenalina que impulsa a la aventura, las hormonas sexuales a flor de piel y la autonomía conductual intensifican los sentimientos y las sensaciones de los jóvenes, volviéndolos menos precavidos, menos sensatos, más irresponsables. Atrevidos, impulsivos, imprudentes, audaces, hedonistas, son algunas de las características del joven que se siente omnipotente.

En la vida todo tiene su tiempo, pero los jóvenes no pueden esperar. Los padres tienen la tarea de tranquilizarlos un poco para que no se metan en problemas y no compliquen sus vidas y las de quienes los aman.

Por la inseguridad y la violencia actuales, muchos padres abren las puertas de su casa para que sus hijos, de cualquier sexo, puedan dormir en casa con sus novios, aunque esto implique hacer a un lado sus pautas de conducta.

Sin embargo, esto no quiere decir que los padres tengan que someterse a los caprichos de los hijos, necesita haber una buena dosis de adecuación para lograr una convivencia familiar armónica.

Hay que considerar, además, que algunos jóvenes no se sienten a gusto teniendo relaciones sexuales en la casa de sus padres. Ni todo es tragedia, ni todo es miel sobre hojuelas.

Por lo general, son los padres varones (o machistas) los que más se resisten a aceptar que el novio de su hija duerma en casa, en la misma cama que ella; algunos pueden aceptar que se quede, pero que duerma en otro cuarto. Las madres son más tolerantes y comprensivas y lo aceptan, no sólo por seguridad, sino por la comodidad de sus hijos. Sin embargo, puede haber madres tan o más intransigentes que sus maridos.

Los jóvenes gozan de mayor libertad sexual social que en su casa. Hay padres que no quieren saber si sus hijos tienen o no relaciones sexuales, y no les permiten dormir con sus novias en su hogar.

Hay otros que, con su silencio, les dejan el territorio libre, pues saben que, cuando no hay nadie en casa, hacen el amor. Pero nadie habla de ello abiertamente.

Preocupaciones de los padres cuando los novios duermen juntos

Las preocupaciones comunes de los padres en este sentido son:

• Alteración de los modelos sociales y familiares tradicionales

> *Una muchacha le insistía a sus padres que la dejaran dormir con su novio en casa. Los padres le decían que comprendiera cuán apresurado era para ellos aceptarlo, aún no se hacían a la idea de que su hija única, sobre quien soñaban que se casara de blanco por la iglesia, de pronto viviera como mujer casada en su casa. La madre, incluso, se preocupaba por "el qué dirán". Ambos le pidieron que esperara un poco para que pudieran acostumbraran a la idea. La hija terminó con el novio antes de que ellos se sintieran listos para aceptar la novedad.*

• Aceptar la novedad de las relaciones sexuales, facilitando o estimulando la promiscuidad sexual (varios novios en poco tiempo)

> *Los padres sabían que su hijo de diecinueve años era muy voluble e inestable en sus relaciones amorosas. Cuando empezó a salir con una chica de 22 años, quiso llevarla pronto a dormir a su casa. Ellos no le dieron permiso pues era una relación con poco tiempo temían que de aceptar, su casa se convirtiera en un hotel para las relaciones de su hijo, quien tanto tenía por vivir. Podía hacer lo que quisiera, pero fuera de casa. Ellos no permitirían algo con lo que no estaban de acuerdo. Si la relación continuaba, volviéndose estable, y los novios durmieran también en casa de ella, podrían aceptar la situación. Pocos meses después, el joven ya estaba enamorado de otra chica.*

• ¿Será que el muchacho está enamorado de mi hija, o sólo se aprovecha de ella?

Durante una sesión familiar, surgió la preocupación por el novio de una hija de dieciséis años. El joven, de 21, no estudiaba, no trabajaba, no les presentó a su familia ni les dijo exactamente dónde vivía. Era muy simpático, agradable y solícito no sólo con ella sino con la familia, y estaba accesible todo el tiempo. Él quería era estar cerca de ella, y los padres de la chica no le tenían confianza a ninguno; ella no hacía caso a los padres y se rebelaba, argumentando que eran prejuiciosos, elitistas, etcétera, sostenía que no aceptaban a su novio porque era pobre. Los padres iniciaron la operación "no apoyo lo que no me parece"; es decir, suspendieron todo lo que contribuyera al noviazgo en cuanto su hija les pidió permiso para que su novio se quedara a dormir en casa. Dejaron de darle dinero, la pusieron a realizar diferentes actividades a las que la llevaba y recogía un chofer. Al poco tiempo, ella comprendió que su novio no era más que "un simpático y agradable vagabundo sin oficio ni beneficio". Comprendió que no tenía nada que ver con él y el noviazgo terminó.

• ¿Estarán tomando precauciones para no embarazarse? ¿Sabrán cómo hacerlo?

Atiendo en consulta a una estudiante universitaria cuyo novio se negaba a usar condón. Él le daba una serie de argumento que concluían con: "Si me quisieras, me dejarías hacer el amor sin condón", a lo que ella respondía: "Si me quisieras de verdad, usarías condón". "Pero si no estás en tus días fértiles, menstruaste hace diez días", y ella argumentaba: "Justo ahora inician mis días fértiles". "Entonces deberías tomar píldoras anticonceptivas", y ella contra argumentaba: "Me sientan mal las píldoras". Cada opción de él encontraba una réplica de ella. Un día la chica se cansó de discutir y le habló claramente: "O usas condón, o tenemos relaciones sexuales hasta después de casarnos". Hoy, él usa condón siempre, y tienen una excelente vida sexual.

• ¿Se están cuidando de las enfermedades de transmisión sexual, como el sida, la sífilis o el herpes, entre otras?

Una paciente mía, de diecinueve años estaba muy triste, en crisis con su novio. Ella presentaba una lesión sifilítica en sus genitales exteriores. Su novio había sido su único compañero sexual, y él decía que no estaba enfermo, que no tenía nada. No usaban condón, pues ella tomaba píldoras. A esa pareja le preocupaba sólo no embarazarse y pensaban que el amor que se tenían, único en el mundo, los protegería de todas las enfermedades. No fue así. Entre el cielo y el amor, existen las enfermedades venéreas, que las píldoras no previenen. Le dije a la joven: "Por lo menos no es sida. Aunque tu relación se termine, la sífilis puede ser curada".

• La muchacha va al ginecólogo para ver si todo está bien. ¿Y el muchacho? ¿Cuál es el médico más indicado para él?

Atiendí a un chico de diecinueve años que tiene relaciones sexuales con su novia, de diecisiete. Le pregunté cómo se cuidaban para no embarazarse. "Ella toma píldoras", respondió, y me explicó que tenía disfunciones menstruales, por lo que su ginecólogo le recetó las píldoras. "¡Muy bien!", le dije, pero pregunté: "¿Sabes cuándo existe el riesgo de embarazo?", él me respondió rápidamente: "Durante la menstruación, claro, pues es cuando el óvulo se está liberando…". Le dije que esa era una idea errónea y le expliqué los aspectos básicos de la ovulación, los espermatozoides y la fecundación; al final, él comentó: "Eso significa que tuvimos suerte de que ella tomara píldoras, si no, ya nos habríamos embarazado…"

• "Cuando era joven, todo era muy diferente…"

"Temo por la seguridad de mi hija," sostenía mi paciente, ella tenía 50 años y su pequeña dieciséis, "En mis tiempos, la vida sexual era más libre, las mujeres quemaban sus sostenes y los hombres se involucraban con quien podían. El riesgo mayor era un embarazo, pero

"la chava abortaba", o contraer gonorrea, que se curaba con penici-lina. Hoy tenemos el sida, que mata, y sigue habiendo el riesgo de embarazo. Me gustaría que mi hija no fuera promiscua, que cuan-do se enamorara sólo se acostara con esa persona. Y para tener más control y seguridad, que lo hiciera en nuestra casa".

Por su parte, una madre de 55 años me expresó: "Cuando era joven no hablaba con mis padres sobre sexo, ¿cómo compartiría con ellos mi vida sexual? Hoy puedo hablar de todo con mis hijos. Le dije a mi hija de veinte años que puede traer a casa a su novio para que duerma allí".

• …¿Y los padres separados? ¿Deben traer a sus compañeros a dor-mir en casa?

Atiendo en consulta a un joven de diecisiete años, es hijo único vive con su padre, que está separado. Una madrugada, el padre entró a casa casi de puntillas, y fue a ver si su hijo dormía; éste fingió que lo hacía, entonces, el padre cerró con cuidado la puerta del cuarto del chico quien de inmediato supo que su padre había traído compañía femenina. Al momento, surgieron muchas dudas en el joven: "¿Por qué mi papá no me presentó a su compañera?", "¿Sería porque es una prostituta?", "¿Será que mi papá tiene miedo de que le robe a su novia?"; "Estaría bien que le pidiera que consiga a una chava para mí…"; "¿Podría yo hacer lo mismo que él?"

• Si la madre está separada, ¿puede llevar a su novio a dormir a su casa? ¿Qué se hace con los hijos que viven con la madre?

Atiendo en consulta a un hombre separado que se enojó cuando supo por sus hijos adolescentes que su ex esposa llevó a su novio a dormir en su casa. No le parecía adecuado que ella llevara a su pareja a la casa que aún sostenía él. "Si el novio quiere dormir con ella, muy bien, pero que entonces pague los gastos de la casa, y no se sirva del dinero que doy para la pensión de mis hijos", decía. Además, se sorprendió, al ver que sus hijos aceptaron al novio de su madre con naturalidad.

109

• ¿Cuál es la conducta más adecuada?

En diversas consultas familiares he visto que no hay una conducta modelo, ideal o adecuada para todos; para saber cómo reaccionar, recomiendo que todas las familias tomen en cuenta algunos puntos:

• Es necesario que se expliquen claramente los puntos de vista en torno al asunto de si un hijo o hija lleva a su novia o novio a dormir en casa. Es claro que los pequeños, aún no se preocupan por cuestiones sexuales, así que no es recomendable que participen en la conversación.

• Es importante que nadie se sienta ridiculizado ni obligado a decir o a callar sus opiniones. Es bueno escuchar a los hijos mayores, que por lo general están más al día que los padres en relación con las costumbres vigentes.

• Lo que es bueno para una persona no puede ser malo para los demás, ni debe perjudicarlos.

• Para que alguien empiece a dormir en casa de su novio o novia, es necesario que la relación se sostenga por un tiempo considerable, para que los padres conozcan mejor a esa persona. Y antes de entrar al cuarto, debe quedarse un rato en la sala.

• Es importante que los padres de los jóvenes se conozcan, que todos estén enterados del curso de la relación. Ningún padre o madre debe ser tomado por sorpresa, pase lo que pase. Es interesante saber que mientras más enterados están los padres de la pareja, más responsables se vuelve esta.

• La vida sexual necesita privacidad, no se debe hacer pública mediante anuncios, puertas abiertas, sonidos que atraviesan las paredes, los instrumentos eróticos tampoco estarán a la vista de todos.

•La empleada doméstica no debe limpiar los residuos de la vida sexual, tampoco será quien guarde los aparatos eróticos utilizados, ni el caos generado por el entusiasmo sexual. La pareja debe dejar el cuarto ordenado para que su privacidad sea respetada.

•Lo ideal sería que los jóvenes pudieran tener vida sexual en el momento de conquistar su autonomía de conducta y su independencia económica. Así, las consecuencias serían enfrentadas por ellos y no dependerán de la ayuda material de sus padres.

•Si los padres no están cómodos con el asunto, a pesar de todas las explicaciones y justificaciones de sus hijos, deben mantener su posición con firmeza y claridad, sin temor de que ello perjudique a sus hijos. Lo perjudicial es que los hijos tengan la sensación de que pueden hacer lo que quieren considerar lo que los padres piensan y sienten.

Usar condón es un acto de amor

Para evitar embarazos, nada más simple y seguro que usar condón. A los muchachos que afirman que ponerse condón es como chupar un caramelo envuelto, hay que decirles que esa analogía no se relaciona con el sexo masculino. Basta cuestionar quién se ve envuelto en qué.

El hombre que no usa condón está centrado, de manera egoísta, en su placer, y no piensa en amar y proteger a su compañera.

En vez de obstaculizarlo, el condón ayuda al joven, pues en general éste siente la urgencia incontrolable de eyacular, llegando a veces a la eyaculación precoz. Por tanto, una pequeña disminución de la sensibilidad hace la diferencia. Al retardar el orgasmo, el placer sexual de la pareja será muy intenso.

Otros chicos pueden argumentar que es complicado colocarse el condón, y lo es para quien no está acostumbrado a usarlo.

Ponerlo al revés es prácticamente imposible. Basta fijarse en que el depósito de esperma esté hacia el frente, y desenrollarlo naturalmente siguiendo la línea del pene.

Es importante que la pareja esté familiarizada con el condón, que debe concebirse como ventaja y ayuda para ambos. Su colocación no es sólo responsabilidad del hombre. Es una parte del juego sexual previo, y la mujer puede incidir en ella. Los preparativos pueden ser tan placenteros como el acto sexual en sí mismo.

La mejor manera de familiarizarse con el condón es jugar con él. Así, aprovechando los intereses y curiosidad de los chicos, los padres pueden comprar condones o fomentar que ellos mismos los compren. Los pueden usar para masturbarse, para llenarlos de agua como si fueran globos, para lo que quieran. Así, cuando llegue el momento de sostener su primera relación sexual, el joven podrá usarlo sin prejuicios.

El condón femenino

Hay dos maneras físicas de protegerse para la mujer: el diafragma y el condón femenino. El diafragma funciona como una barrera que se fija en el cuello del útero, dentro de la vagina. Es necesario conocer la medida de éste para elegir el diafragma que tenga el tamaño exacto para impedir, de manera eficiente, la entrada de espermatozoides al útero. La mujer debe dejarse puesto el diafragma por varios días, pues los espermatozoides sobreviven hasta tres días en la vagina.

Existe otro tipo de protección, el condón femenino: una especie de dedo de guante al revés. Este dispositivo forma una especie de bolsa larga que se coloca dentro de la vagina para cubrir sus paredes y recibir en ella al pene, así el semen producto de la eyaculación se queda en la bolsa y no en el interior de la mujer. Cuando la joven retira el condón, el esperma se va con él; la ventaja de este condón sobre el diafragma es la facilidad de su colocación y su retiro después del acto sexual.

La homosexualidad masculina

En mi consultorio es cada vez más frecuente la presencia de padres perturbados e insatisfechos por una orientación sexual de sus hijos diversa de la esperada.

La mayoría de las madres acepta, más que los padres, que su hijo o su hija sea homosexual. Pero también existen algunas para las que esta condición es inaceptable.

El número de homosexuales varones que se asume como tal ha aumentado, seguramente no porque haya crecido la cantidad de éstos, sino porque deciden aceptar públicamente su preferencia sexual. Los movimientos sociales les han permitido a sentirse más fuertes y, hoy en día, disfrutan de una mayor aceptación social que en el pasado.

Recientemente atendí en consulta familiar a una pareja cuyo hijo admitió ser homosexual. Buscaron a varios especialistas, para que "le quitaran" la homosexualidad por medio de psicoterapia, tratamientos hormonales, hipnosis e, incluso, orientación religiosa. No sabían que el hijo, por sí mismo, se acercó a algunos profesionales para que le ayudaran a ese propósito él mismo rechazaba su condición. Incluso trató de andar con muchachas muy atractivas, pero su homosexualidad no desapareció; fue entonces cuando decidió contar todo a sus padres. Nunca esperó que reaccionaran de esa manera. Su vida en casa se convirtió en un infierno. No se explica el cambio en el comportamiento de mamá y papá; él es el mismo de antes y siente que no merece el rechazo, aunque entiende las razones por las que sus padres no aceptan su homosexualidad.

La homosexualidad, hoy en día, es objeto de diversos estudios, y ya no se le considera como una enfermedad ni un trastorno sexual. Las investigaciones no se limitan nada más al campo de la conducta, sino que se extienden al área biológica, funcional.

La homosexualidad femenina

Recientemente he atendido en consulta a adolescentes y jóvenes con preferencias homosexuales..

Fue a mi consulta una muchacha de dieciséis años que formaba parte de un grupo donde las chicas, al parecer, practicaban la homosexualidad femenina, pero no se consideraban homosexuales. Me contó que si conociera a una muchacha por la cual se sintiera atraída y fuera correspondida, no veía por qué no entablar una relación sexual con ella. Eran relaciones sin compromiso, a ella le interesaba casarse con un joven y tener hijos.

Muchas jóvenes que han sido mis pacientes por otros motivos, al hablar sobre sexualidad expresan interés por alternativas a la heterosexualidad; sin embargo esto no representa para ellas un problema.

Atendí a chicas que "ligaban" a otras sólo para provocar a los chicos. Pero "ligaban" también con ellos; era como si aceptaran "andar" con homosexuales aun siendo heterosexuales. Hasta la fecha, no he atendido a ninguna muchacha exclusivamente homosexual.

Capítulo 10

Las drogas

Reacciones comunes del padre

Algunos padres varones cuyos hijos consumen drogas se sienten traicionados y reaccionan con furia, llegando incluso a agredirlos, verbal o físicamente, con lo que sólo se pierde el control de la situación.

Sucede, principalmente, cuando el padre que siempre confió en el hijo y le creyó cuando afirmaba que nunca tomaría drogas, se sorprende al descubrir lo contrario. Este es un "padre crédulo".

Algunos jóvenes admiten que usan mariguana, y sostienen que: "Lo seguiré haciendo porque me gusta". Al decir que prefieren decir la verdad en vez de mentir —como lo hacen algunos de sus amigos— confrontan a sus padres. El padre se convierte en un "padre desafiado".

Un padre puede pensar que su hijo, al usar drogas, además de hacerse daño a sí mismo le falta al respeto a él. Cuando el uso aumenta y el hijo dice que no dejará de hacerlo, algunos padres los expulsan de casa. Es el "padre autoritario".

Otros padres responsabilizan a la madre por los errores en la educación, como el exceso de indulgencia, la falta de límites, la exagerada solicitud, etcétera; con ello se libran de su responsabilidad, ni siquiera el hijo es tan responsable por lo que ha hecho. Es el "padre que siempre tiene la razón".

He visto también a padres tan desorientados que se someten a todo lo que piden sus mujeres, desde fingir que no saben nada hasta explotar coléricamente para exigir "más respeto en casa". Es el "padre perdido".

Aunque es menos común, algunos padres piden "que sea la madre quien se encargue de todo", porque ellos casi no están en casa, viven para su trabajo y los absorben las responsabilidades profesionales y sociales. Es el "padre ocupado".

Cuando Roberto descubrió que su hijo de diecisiete años consumía drogas desde hacía un año, se perturbó tanto que sufrió un ataque cardiaco. Su presión arterial subió, se sintió mareado y sus latidos aumentaron a 150. Sentía que se iba a morir. Perdió el control y estalló, con gritos y agresiones físicas: le pegó a su hijo, arrojó el teléfono contra la pared, azotó puertas… La única solución posible en ese momento era internar a su hijo. Es el "padre descontrolado".

Reacciones comunes de la madre

Generalmente, la madre no se sorprende tanto al saber que su hijo consume drogas porque había notado señales como de cambios de la conducta: dejó de sentarse a comer con los demás, perdió ánimo para estudiar, comenzó a llevar a casa a amigos diferentes, se encerraba en su cuarto… Como madre pulpo, ella trata de seguir la vida de su hijo con todos sus tentáculos. El padre, como una cobra, capta una cosa a la vez y comprende que algo está mal hasta que los resultados escolares del hijo no son buenos, cuando no quiere ir a la escuela, y se duerme tarde porque no logra despertarse temprano, como hacía antes.

Cuando un hijo deja de contarle todo a su mamá, como hacía antes, ella sospecha que algo oculta. Una manera de seguir en contacto con él es hablarle. Aunque esté en la sala, la madre le pregunta al hijo, encerrado en su cuarto: "¿Qué haces?", por el tiempo que demora en responder, por el tono de voz, por su firmeza o vacilaciones, la madre sabe si miente o no. En la adolescencia, ella vive con miedo de que él hijo utilice drogas. Es la "madre temerosa".

Cuando el hijo ya no la mira a los ojos, evita el contacto con ella, regresa a casa cuando sabe que ella no estará y se junta con personas distintas al tiempo que cambia su comportamiento, la madre se preocupa, intuye que sucede algo que su hijo no le quiere contar. Es la "madre preocupada".

Cuando el hijo la trata mal, le dice que exagera, le da mucha lata, cuando el recibe llamadas breves y sale de prisa después sin decir a dónde va, o cuando responde de manera vaga: "Voy a dar una vuelta"; "Voy por ahí"; "Voy a la tienda"; "Voy a sacar al perro", la madre se lo toma en serio, se preocupa y se pone paranoica. La paranoia es la idea de que alguien trama algo contra nosotros. Es la "madre paranoica".

La madre, para fundamentar las razones de sus sospechas, puede revisar, sin que su hijo sepa, sus pertenencias, su ropa, los lugares donde pudiera esconder lo que sea que oculte. Trata de oír sus conversaciones telefónicas, pide a otros informes sobre él, y hace lo que sea por enterarse. Es la "madre investigadora".

Cuando la madre descubre la marihuana, o cualquier otra droga, el fondo del cajón del escritorio, la mochila, el bolsillo de las bermudas, o cualquier otro sitio, se siente culpable por no haber apoyado al hijo, o responsable de sus acciones, culpable por no haberlo educado bien, por haber trabajado o simplemente, culpable sin saber de qué. Es la "madre culpable".

Tras descubrir que su hijo fuma marihuana, la madre no se lo dice al marido, aunque sea el padre. Trata de resolver el problema sola, mediante un pacto de silencio con el hijo, quien le promete dejar la droga. La madre no actúa con mala voluntad, trata de confiar en su hijo para ahorrarle al marido el problema, porque él, pobre, está siempre tan ocupado, con tantas obligaciones. Es la "madre solícita".

Nunca confié en su amigo. Es muy raro, excéntrico incluso. En el fondo, yo sabía que fumaba mariguana. Desde que empezaste a andar con él (la madre se dirige a su hijo de quince años) inició un comportamiento raro con nosotros. Estoy segura de que fue él quien te llevó a consumir drogas. Voy a hablar con sus papás. Ya verán si no. Es la "madre sobreprotectora".

La madre puede sufrir un ataque y desear, como madre pulpo, alzarse las mangas y usar todos sus tentáculos para resolver sola el problema de su hijo, ya que "nadie hace nada". Por lo general, ese "nadie" se refiere a su marido, sea éste el padre de su hijo o no. Es la "madre omnipotente".

¿Qué actitud deben asumir los padres?

La mejor reacción de los padres es la que ayuda realmente a su hijo a dejar el consumo de drogas. Y aunque los padres reaccionen de la mejor manera, es posible que su hijo siga usándolas. Y a veces, aunque los padres adopten actitudes desfavorables para que su hijo deje las drogas, puede ser que las deje de cualquier forma.

Ningún padre o madre reaccionan de forma única. Todos reaccionan con una mezcla de actitudes, que son resultado del pasado, del actual y de cómo ven el futuro de sus hijos.

Para que el hijo no use drogas, lo importante es la combinación de las conductas y actitudes de la madre y del padre, que deben sustentarse en el principio educativo de la coherencia, constancia y consecuencia.

Hay muchas razones por las cuales un hijo puede consumir drogas, desde la simple curiosidad o la inquietud de experimentar en busca de aventuras y placeres, hasta las más complejas razones psicológicas o enfermedades psiquiátricas. La prolongación de su uso tiene varias causas, desde una predisposición biológica (genética), hasta antecedentes personales de otras adicciones, la dificultad para enfrentar momentos complicados, o el síndrome de abstinencia que la ausencia de droga genera en el organismo habituado al consumo. Esta última fase es la adicción o dependencia química.

El resultado positivo de las reacciones de los padres depende también de que se resuelvan los problemas por los que el hijo empezó a usar drogas; es decir, el éxito de todo el asunto necesita de un buen diagnóstico psicológico y psiquiátrico de la situación.

Internar al chico en una institución es una decisión que debe responder al diagnóstico, y no la desesperación o a los sentimientos adversos de los padres. Es una medida médica, que debe recomendar un profesionista capacitado.

En la casa de un amigo

Si el hijo dice que va a casa de un amigo, los padres pueden comunicarse por teléfono con los padres del amigo con el fin de agradecer la invitación y ponerse a su disposición, por si es necesario; además, pueden ofrecer su hogar para la siguiente cita entre sus hijos, así los padres estarán mejor informados, éste no es un signo de desconfianza, sino de seguridad y prevención.

Es común que ningún adulto esté con los muchachos. No todos los padres se preocupan igual por sus hijos o por los amigos de éstos. Cuando así es, los jóvenes usarán la casa como mejor les parezca, según sus intereses. La situación es favorable para que alguien quiera fumar marihuana. Está en un lugar seguro, entre amigos, sin algún adulto cerca...

Basta que en la zona haya una sola casa "alivianada", para que todos los jóvenes estén allí.

Si el padre y la madre no saben lo que sucede cuando su hijo se reúne con amigos en casa, ni quieren saber, es posible que el chico esté fumando marihuana, aspire cocaína o consuma cualquier otra droga. El silencio de los padres puede interpretarse como la aceptación tácita del consumo.

Puede ser que su propia casa sea usada con ese propósito.

Si un hijo acepta que su mejor amigo usa drogas, es porque piensa que no hacen tanto daño como dicen sus papás. Es altamente probable que pronto las use también.

A favor o en contra

El mundo ha perdido a varios artistas a causa del alcohol y las drogas: Janis Joplin, Jimi Hendrix, Tim Maia, Elvis Presley, Garrincha, Elis Regina.

Ningún adicto puede ganar la batalla contra ellas, pues la adicción persiste en el interior del organismo, y no desaparecer nunca. Puede reaparecer en cualquier momento.

Las drogas son siempre retrógradas. Quien las usa puede sentir placer mientras lo hace, y sostener que "usa drogas porque es bueno". Pero, si reflexiona seriamente, comprenderá que son perjudiciales y que, por tanto, no son buenas, aunque generen placer.

Pero el joven que se interesa en el asunto sólo mira las noticias favorables, como un titular que se publicó hace tiempo en algunos periódicos: "Holanda despenaliza la venta de marihuana en las farmacias"

El encabezado, en letras enormes, llamaba la atención. Leí el reportaje, y el texto decía que la venta de marihuana estaba permitida para quien tuviera sida, cáncer, esclerosis múltiple o síndrome de La Tourette. Esos pacientes, que padecen intenso dolor, podrían usar la marihuana con fines terapéuticos, para disminuir el sufrimiento. Se afirmaba también que ésta no debía ser fumada, porque hacerlo es nocivo para la salud. Indicaba, además, que debía ser usada como té o infusión.

Después de leer sólo el titular en varios medios de comunicación, algunos jóvenes me comentaron: "Holanda despenalizó la marihuana. ¡Vamos allá a fumarla!"

El problema del consumo de drogas no es sólo responsabilidad de los medios de comunicación, también radica en la falta de atención del joven, que ni

*siquiera lee la noticia completa, se forma una idea errónea y la difunde
en todas partes, convirtiéndose en portavoz de la despenalización de la
marihuana.*

¡Cuántos comerciales de cerveza promocionan esa bebida como si
fuera un refresco! Por ello, muchos adolescentes minimizan el grado de alcohol que contiene.

Beber cerveza como si fuera refresco es un concepto publici-
tario que está de moda. Se ha invertido mucho dinero en crearlo,
mientras que en la promoción contra el abuso del alcohol se invierte muy poco, cuando se invierte. El Estado no tiene recursos económicos para enfrentar las consecuencias médicas del alcoholismo.
Es una enfermedad con una evolución difícil, y hospitales enteros
se dedican a su tratamiento, el grupo médico necesita atender un
sinfín de variables: alteraciones psicológicas y psiquiátricas deriva-
das del consumo, daños orgánicos diversos.

El alcoholismo priva de atención a otros enfermos y genera
problemas familiares, sociales y laborales.

Sería interesante promulgar una ley para exigir que cada comercial televisivo de bebidas alcohólicas destinara un tercio de su
tiempo a mostrar accidentes automovilísticos, violencia, testimonios
de las víctimas de asaltos, entre otros; por supuesto, esa parte del
anuncio también debería solventarla el anunciante. ¿Es utópico?
Tal vez, pero sería una excelente medida de prevención, porque se
dirigiría específicamente a quien consume esa droga. Así, el joven
tendría opciones para elegir, y no sólo un mensaje a favor o en
contra; lo mismo podría hacerse con el tabaco.

El ejemplo en casa

La verdadera prevención reside en que el joven forme su propia
opinión sobre los daños que las drogas causan en la vida, a pesar
del placer que proporcionan.

No basta con dar el ejemplo y no usar drogas, sino la costumbre de cuidarse sin exageración, ser valiente pero no temerario, soportar las frustraciones, ser progresivo y no retrógrado, resguardar lo valioso sin volverse regañón y, sobre todo, conservar la alegría de vivir.

Los niños absorben la manera de ser de los padres. Así, los padres son modelos que se imitan. Si los padres fuman o beben, los niños registran, principalmente, el placer que los adultos sienten, más que lo adecuado o no de esas conductas. Si los padres beben o fuman, será más fácil para él, en el futuro, encender un cigarro o beber cerveza, pues sólo significará el despertar a una conducta latente en él.

Los jóvenes quieren sentir el placer, pero no ser adictos; sin embargo, la adicción es una consecuencia de la repetición del placer. Cuanto más placer experimenta, crece el deseo de repetir esa conducta.

Aunque sus padres no consuman bebidas alcohólicas, muchos adolescentes prueban cerveza por curiosidad, para hacer lo mismo que su grupo o para repetir lo que ven en los comerciales de televisión.

Cuando el joven ya conoce la bebida, empieza a consumirla de las maneras más diversas, ya sea tomándose una cerveza cuando tiene calor, como si fuera un refresco, o para "romper el hielo" cuando quiere abordar a una persona, o para probarse en una competencia para ver quién bebe más…

Los padres que beben o fuman en casa autorizan a sus hijos, directa o indirectamente, a que hagan lo mismo.

Educados para el placer

Actualmente, los padres han hecho una apología del placer. No importa todo lo que se sacrifiquen, siempre que el hijo obtenga placer. La parte del sacrificio les toca a ellos. Ésa es una forma de educar que favorece el uso de drogas.

Muy pronto los hijo aprenden que sus padres están para pagar los costos, asumir las responsabilidades y los sufrimientos ocasionados por sus actos, hasta los derivados del uso de las drogas. A los hijos, por su parte, les toca gozar al máximo.

Algunos padres, en su intento por mostrar amor hacia sus hijos, tienen actitudes retrógradas: lo que ganan no les alcanza para comprar los tenis de moda o cualquier otro capricho innecesario, pero acaban teniéndolo. En vez de mostrar a sus hijos la realidad, dejan de cubrir necesidades esenciales para atender las secundarias.

La división: el sacrificio es para los padres; el placer, para los hijos, transmite una falsa idea de las implicaciones y significado de la calidad de vida, y refuerza la falta de ética de la definición (lo que es bueno para uno tiene que ser bueno para todos).

El engaño se lleva a cabo hasta en los niveles bioquímicos de los neurotransmisores. La molécula del THC —tetrahidrocannabinol— es un constituyente activo de la marihuana y el hachís, y es muy parecida a los neurotransmisores que llevan mensajes eléctricos a los receptores en las sinapsis neuronales.

Las moléculas del THC se insertan en los receptores, engañándolos químicamente como si fueran neurotransmisores fisiológicos y los desactivan, provocando una descarga de placer. Así, las moléculas de THC se acumulan en las sinapsis, dificultando y obstaculizando su funcionamiento.

Si desea más información sobre el tema, lea mi libro *Anjos Caídos – Como Prevenir e Eliminar as Drogas na vida do Adolescente.*[**]

[**] *Ángeles caídos. Cómo prevenir y eliminar las drogas en la vida del adolescente.* Título inédito en español.

PARTE 2
FAMILIAS DE ALTO RENDIMIENTO

La familia

La familia ha sido, es y será
el núcleo afectivo fundamental de los seres humanos.

En la familia nace el ser.
El adolescente parte en busca de su identidad social.

Gracias a su autonomía conductual y a su independencia económica,
el adulto joven busca a alguien que lo acompañe.

Su mayor sueño es ser feliz.
La felicidad se prolonga en los hijos.

Ser eterno es su siguiente sueño.
La civilización progresa por la educación y la historia del desarrollo de los hijos.

Esas historias escriben páginas en el libro de la humanidad.

…Y los hijos proporcionan a sus padres, con su existencia,
felicidad y eternidad.

Içami Tiba

Capítulo 1

La piedra filosofal de las relaciones entre padres e hijos

Para los alquimistas, la piedra filosofal tenía dos significados:

1. Fórmula secreta que los alquimistas trataban de descubrir para transmutar metales comunes en oro (*Diccionario Aurélio*); o fórmula imaginaria para convertir cualquier metal en oro (*Diccionario Houaiss*).

2. *Fig.* Cosa difícil de descubrir o realizar (*Diccionario Aurélio*); o cosa muy rara y valiosa que se busca en vano (*Diccionario Houaiss*).

El genial Albert Einstein (1879-1955) tenía un gran sueño: encontrar la "teoría del todo", que incluyera a todas las fuerzas físicas, unificando las fuerzas electromagnética y gravitacional. Si tuviera los recursos cibernéticos que tenemos hoy, quizá hubiera concretado su sueño, que es la preocupación dominante de la teoría de la relatividad general y de la mecánica cuántica.

En el universo relacional de los seres humanos, tan vasto y complejo como la humanidad misma, se ha hablado y escrito mucho

129

sobre la felicidad y el sufrimiento, el amor y el odio, el éxito y el fracaso, la excelente o pésima calidad de vida, la salud y la enfermedad, la educación ideal o fallida, la integración o la guerra entre los pueblos, el individualismo y el gregarismo, la vida y la muerte, etcétera.

¿Existe una fórmula secreta o imaginaria para reglamentar las relaciones humanas? ¿Una "teoría relacional del todo"? ¿Algo que garantice la felicidad y la eternidad?

La piedra filosofal de las relaciones humanas globales

Descubrir la "piedra filosofal de las relaciones humanas globales" es algo en lo que está interesado un selecto grupo de especialistas, investigadores de los comportamientos humanos.

La mayor dificultad que presenta el asunto es cómo dar cabida e incluir todas las opiniones sobre cada tema. Debates serios, reuniones científicas y conversaciones diversas no logran llegar a un acuerdo sobre cuáles son las relaciones humanas perfectas.

Es probable que muchos temas nunca alcancen la unanimidad absoluta, entre ellos: si es mejor tener hijos hombres o mujeres; si la familia es una institución fallida o no; si se debe creer en Dios o no; hasta cuándo los padres deben mantener a sus hijos; y muchos otros.

A continuación presento algunas ideas básicas que me sirvieron para vertebrar este capítulo:

•A las personas les gustan las personas, de manera instintiva. Pienso, siento y actúo, luego existo.

•La familia es la cuna de los valores superiores: gratitud, disciplina, religiosidad, ciudadanía, ética.

•Los hijos nacen de los padres, pero no son su propiedad eterna.

• La madurez consiste en tener autonomía de conducta e independencia económica.

• Los seres humanos anhelan ser felices.

• La educación familiar y escolar son básicas en la sociedad.

• La educación implica adecuar el instinto y la voluntad para lograr una buena convivencia con los demás.

• El amor y la felicidad son progresivos; el odio y la violencia, retrógrados.

• El amor y las relaciones no nos están esperando: se construyen desde el momento en que empieza la convivencia.

• Son "progresivas": la disposición de ayudar, acompañar, admirar, aprender, enseñar, evolucionar, negociar, defenderse, ser feliz, mejorar el mundo, etcétera.

• Son "retrógradas": la disposición de maldecir, blasfemar, mentir, explotar a los demás, exagerar, engañar, extorsionar, devaluar, presumir, chantajear, despreciar, esquilmar, corromper, sabotear, violar, robar, matar, etcétera.

La piedra filosofal de las relaciones humanas globales es una utopía. El oro de la alquimia sería que las personas se relacionaran entre sí de manera perfecta. Pero el concepto mismo de una relación perfecta genera debates y discusiones.

Las relaciones humanas perfectas, desde mi perspectiva, son dinámicas, modernas, equilibradas. Saben compartir el amor, con satisfacción recíproca y plena. Son interactivas con el ambiente y benéficas para la sociedad.

Esas relaciones progresivas, en busca constante de mejoras, son excelentes para todos y para el ecosistema. Se trata de la integración relacional.

Por tanto, buscar algo que sea perfecto en materia de relaciones humanas, es prácticamente imposible, porque el individuo es transitorio en sus pensamientos, sentimientos y acciones. Sería una búsqueda "en vano", como la de la definición figurada de la piedra filosofal (*Diccionario Houaiss*).

Si en la alquimia se quería encontrar el secreto de la transformación de los metales comunes en oro, con mi propuesta quiero ayudar a transformar las relaciones retrógradas en progresivas, a través de la educación.

Una clasificación de las relaciones humanas globales

En busca de la piedra filosofal, intenté ir de la clasificación más simple de las relaciones humanas hasta la más compleja. Para ello, y por razones didácticas, las denominé relaciones Yo-Tú, usando el Yo para representar a la persona de la que se parte, y el Tú como la persona con la cual se entra en relación.

Para el Yo, el Tú puede ser alguien semejante a él, o diferente.

Si el Tú fuera semejante, puede ser conocido (si se convive con él) o desconocido. Entre los conocidos, el Yo y el Tú establecen relaciones verticales (superior-inferior), y horizontales (mismo nivel).

Esta clasificación está en el Cuadro 1.

Nivel 1: Superior
Grupo A: Conocidos Nivel 2: Igual
Nivel 3: Inferior
Grupo Principal I: Semejantes
Seres humanos
Grupo B: Desconocidos
Grupo Principal II: Diferentes

Con el objetivo de ejemplificar la complejidad, sutileza y fragilidad de esta clasificación, delimitaré el alcance de cada palabra incluida y la definiré:

•Personas semejantes: grupo integrado por individuos que comparten algunas características. Compliquemos un poco las cosas: todos los seres humanos son semejantes pues pertenecen a la especie humana, pero cada uno es distinto de los demás. Por tanto, las palabras empleadas en este cuadro varían de acuerdo con el punto de vista. En este grupo utilizo un concepto incluyente, considerando como semejantes a quienes viven en una misma región, o son regidas por la misma cultura aunque vivan en regiones diferentes. Los católicos españoles que hay en el mundo son semejantes entre sí, pero al tiempo, son diferentes unos de otros.

•Los diferentes, por exclusión, son los que no son semejantes.

•Los semejantes se dividen en conocidos y desconocidos. El grupo de los conocidos está formado por quienes se convive de alguna manera. Aunque nuestro grado de conocimiento del otro puede variar, dependiendo de si son parientes o conocidos (como un Tú, transeúnte, que pasa por el mismo lugar todos los días a la misma hora, puede ser conocido de vista por un Yo parado en ese sitio).

•El resto de no conocidos de este grupo de semejantes, son desconocidos. Los diferentes también lo son.

Entre los conocidos, en el momento de establecer una relación, el Yo, para situarse, se compara con los Tus; este hecho le permite encontrar su lugar, su posición en el grupo. En esa comparación, lo más común es la colocación de niveles. Aquél es más alto que yo; yo soy más gordo que ése; soy más fea que ella; él parece ser más rico que yo; yo soy menos famoso, etcétera.

Así, en un determinado patrón, el Tú puede estar encima del Yo, y en otro patrón el mismo Tú puede estar abajo del Yo. Y rápidamente se hace una correlación incorrecta, aunque común. Como si el Yo que está encima fuera superior al Tú, y viceversa.

•Los términos superior, igual e inferior no significan que una persona sea mejor o peor que otra, sino que una de ellas está más desarrollada que la otra de acuerdo con el patrón. El más alto no es mejor que el más bajo, pero tiene una altura mayor. Un padre no es superior a su hijo, sólo está más desarrollado que él.

Padres e hijos progresivos y retrógrados

Los padres pueden ser progresivos o retrógrados según las características que desarrollan y manifiestan en sus conductas diarias.

Ningún ser humano puede escapar de la secuencia progresiva: feto, bebé, niño, púber, adolescente, adulto joven, adulto, senescente, y anciano.

La acción de los cromosomas trasciende nuestros deseos. A pesar de todos nuestros esfuerzos de postergarla, o negarla, la vejez llega, así como llegó la adolescencia.

Nuestra parte psicológica y manera de ser, atraviesa por varias transformaciones individuales, familiares, sociales, temporales y locales, entre otras. Y también tiene su propio proceso de evolución hasta alcanzar la madurez, pasando por la infancia y la adolescencia. Esa evolución implica las diferencias individuales, que hacen de cada persona un ser único en el planeta.

Una persona adulta biológicamente puede no haber madurado emocionalmente, de la misma forma en que un adolescente puede haber madurado, de acuerdo con las necesidades de su ecosistema de vida.

Hasta el momento de su nacimiento, el feto es un ser biológico progresivo. Cuando nace, de acuerdo con las características de sus padres, de la escuela y de la red de personas que lo sostiene, empieza a dibujarse un perfil progresivo o retrógrado que depende, en gran medida, de la educación que se recibe.

Cuando el niño toma sus primeras iniciativas, se perciben claramente las tendencias que pueden o no confirmar su naturaleza progresiva o retrógrada. Los padres progresivos están pendientes de ese proceso, y enseñan las formas de progresar. Es el amor que enseña.

Si los hijos no hacen lo que son capaces de hacer; es decir, saben lo que es necesario pero no lo practican, es la hora de aplicar el amor que exige. Los padres deben impedir que sus hijos hagan lo que no deben, y al mismo tiempo empezar a mostrarles qué opciones pueden tener o qué otras soluciones existen para resolver algo. La simple prohibición, por sí sola, no resuelve y, por si fuera poco, paraliza a los hijos. La parálisis es retrógrada.

Hay que recordar, además, que es precisamente en la adolescencia, con la búsqueda de autonomía conductual que la caracteriza, que las personas se revelan como progresivas o retrógradas.

Son **adolescentes retrógrados**: los que mienten; y chantajean, aun sabiendo que eso está mal; dejan todo para el último momento; no se comprometen con lo que hacen; no tienen disciplina ni ética; usan drogas; transgreden; roban; copian con frecuencia en los exámenes escolares; no piensan en el futuro, etcétera.

Estas acciones proporcionan caminos fáciles, atajos que no siempre conducen al destino deseado. Lo que parecía ser algo lucrativo y lleno de ventajas en el momento, acaba costando más caro y dando más trabajo cuando tiene que hacerse más tarde.

Relaciones progresivas y retrógradas

Muchos padres de adolescentes se sienten desalentados. "Me he equivocado en todo. ¿Cómo podré corregir mis errores en esta etapa en que mi hijo empieza a vivir su propia vida?", el pasado puede ser la base para no repetir los errores, así, logramos transformar los errores (retrógrados) en aciertos (progresivos) futuros.

La rebeldía, las ideas discordantes, el escepticismo de los hijos no son indicadores de su independencia de sus padres; aunque económicamente sean autosuficientes, los padres deberían seguir siendo un sustento emocional para ellos.

En algunas situaciones, los padres consideran que sus hijos son desobedientes cuando sólo están desarrollando el pensamiento independiente, encontrando distintas maneras de resolver los problemas. Por tanto, las diferencias en el comportamiento no necesariamente significan desobediencia.

Además, cuanto más progresivos son los padres, menos rebeldes o desobedientes serán los hijos. Los padres progresivos no establecen lo que los hijos deben hacer, sino que los ayudan a encontrar el mejor camino para hacer lo que quieran. Quienes son progresivos saben que, por más que señalen el camino, los pasos deben darlos los hijos.

Los padres retrógrados se creen "dueños de la verdad" y afirman que conocen el mejor camino para sus hijos, o los cargan siempre para que no se cansen; como resultado, las piernas de los hijos se atrofian...

La educación es un proceso continuo y dinámico. Por ello, nunca es tarde para iniciar el proyecto educativo, si la meta es hacer del hijo un ciudadano progresivo. Para lograrlo, los padres deben ser progresivos también.

Los padres progresivos ponen el ejemplo, enseñan y estimulan a sus hijos a ser progresivos. Saben que necesitan ser firmes para exigir de sus hijos, al mismo tiempo, que sigan el camino correcto y que obtengan buenos resultados. Se dan cuenta de que la imposición autoritaria, la exigencia ciega, la agresividad y la violencia incontrolable, el grito descontrolado y el chantaje tramposo son recursos de los padres retrógrados.

Las relaciones progresivas no se miden por el resultado progresivo, sino por la suma de dos personas progresivas. Su sentido es más ideológico que matemático. Aunque un padre sea muy progresivo, si su hijo es retrógrado, la relación será retrógrada, pues el hijo deja de desarrollarse.

Para que exista una relación progresiva, es necesario que el hijo también sea progresivo. No siempre el padre estará ahí para acompañarlo y cargarlo. ¿Cómo funcionará ese hijo, sin su padre progresivo?

Para que exista una **relación retrógrada**, basta con que una de las partes lo sea.

Por más productivo que sea el padre, y no necesite del esfuerzo del hijo, éste no puede ser retrógrado. Si sigue así, la relación será siempre retrógrada.

La formación de un hijo progresivo

Son progresivas las personas que miran hacia adelante, aquellas que avanzan en la vida. Una persona progresiva se desarrolla, madura y se convierte en un ciudadano modelo. Los hijos aprenden no sólo mirando a los demás, tomando clases o escuchando consejos. Por medio de la práctica, haciendo lo que vieron y oyeron, confirman lo que saben. Una de las mejores características de la persona progresiva es la sabia humildad de querer aprender siempre.

Los padres progresivos acostumbran observar a sus hijos y acaban comprendiendo que éstos piensan mientras actúan. Si los padres quieren hacer las cosas por ellos, cosas que los niños saben hacer, serán rechazados. Las bases de la autoestima son la alegría y la satisfacción que los pequeños sienten cuando logran por sí mismos lo que quieren.

Hacer por ellos lo que saben hacer es amputarles la capacidad y congelar su voluntad de aprender más. Así, el perezoso quiere hacer cada vez menos cosas, y se convierte en alguien pasivo, mientras el hijo activo se retroalimenta con su acción, y se vuelve cada vez más curioso y deseoso por aprender, convirtiéndose en un individuo emprendedor.

Quien sabe aprender, aprendió en la práctica. Quien actúa, descubre nuevos caminos. Quien mira lo que los padres, o los demás, hacen, aprende a mirar. Para aprender a nadar hay que meterse al agua.

Las personas retrógradas son las que caminan hacia atrás. Aunque no se muevan, son retrógradas porque el mundo avanza y ellas no. El peor retrógrado es quien cree que lo sabe todo y no necesita aprender ya nada.

Cuando los padres no educan a sus hijos, unos y otros son retrógrados. Los padres, porque son las primeras víctimas de sus hijos, y los hijos porque, cuando están mal educados, sufren y hacen sufrir a quienes los rodean.

Una vez vi cómo un padre se agachaba para amarrar las agujetas del tenis de su hijo, un niño de once años. Era algo que el pequeño podría hacer solo. ¿Acaso intentó amarrarlas solo y no pudo, o ni siquiera tuvo oportunidad de hacerlo? No importan las razones de su falta de iniciativa, el hecho ya sucedió. Si sabe amarrarse las agujetas y no lo hace, es un perezoso que agobia a sus padres. Si no sabe, es un ignorante que sólo retrasa su aprendizaje. Pero ese niño puede recuperar el tiempo perdido, aún puede cambiar. Sólo hay que tener la humildad de empezar a hacer algo que nunca antes hizo...

En la escuela, ¿cuál será el comportamiento de ese niño? Sus padres no están presentes y los demás, seguramente, no están dispuestos a amarrar las agujetas de nadie.

¿Acaso sus padres han pensado en que no podrán permanecer 24 horas a disposición de su hijo?

¿Cómo será la autoestima de ese niño cuando se encuentra con otros, que sí saben amarrarse las agujetas?

El placer que los padres experimentan al amarrar las agujetas de su hijo cuando es pequeño, luego se transforma en una obligación humillante. Los padres no lo prepararon para la autonomía conductual. Tuvieron una "gentil amabilidad" retrógrada.

Como profesionista: brillante; como padre: no tanto...

Analicemos otro ejemplo: un profesionista con una carrera progresiva. Se desarrolló muy bien en el trabajo, y puede ofrecer a sus hijos una situación económicamente holgada, comodidades materiales y buenas escuelas. Pero si sus hijos no estudian, usan drogas, tienen casi 30 años y no encuentran trabajo, probablemente ese profesionista brillante fue un padre retrógrado. Por tanto, ser progresivo en un área no impide ser retrógrado en otra.

Un padre, que tiene éxito en su trabajo, es director de una empresa que tiene 1000 empleados, al llegar a su casa, el "gran" ejecutivo se transforma en un títere en manos de sus hijos. Cede a los caprichos del pequeño y no logra entablar un diálogo sano con su hijo adolescente.

Tiene poder y liderazgo con sus empleados, pero es incapaz de dirigir a su hijo en las situaciones más sencillas. ¿Cómo se sentiría si se enterara de que su hijo consume drogas?

Sin embargo, el problema de esta familia no es inherente al éxito profesional. Se trata más bien de una incompetencia administrativa para diversificar las funciones. Si tenemos cinco dedos, necesitamos desarrollar los cinco. Un alumno no puede estudiar sólo las materias que le gustan e ignorar las demás. Tiene que estudiarlas todas.

Un periódico de São Paulo publicó información sobre un caso sorprendente:

Una mujer resultó muerta por la policía y su hijo herido, cuando intentaban huir tras perpetrado un asalto. Ella era ex delegada de la policía, y había sido expulsada de la corporación. Entonces empezó a robar, junto con su hijo. Esa mujer fue más madre que profesionista, y fue una madre retrógrada. Ser progresivo es luchar contra lo que no estás de acuerdo. Ella entró en el juego de su hijo, y los dos se volvieron retrógrados.

La meta del proyecto "Quien ama, educa" es hacer del hijo un ciudadano progresivo. Por tanto, los padres necesitan prepararse para ser educadores de sus hijos. Esa preparación no pueden depender del tiempo disponible o de la falta de materiales para estudiar. Es más bien una cuestión de prioridades.

Los padres educadores dan prioridad a la educación. No necesitan dejar el futbol, pero no pierden la oportunidad de leer lo que publican los periódicos y las revistas, asisten a debates educativos en la televisión y platican con iguales sobre los problemas más comunes de la juventud.

Relaciones verticales y horizontales

Las diferencias de nivel se aplican más en el grupo de las personas conocidas que en otros

En cualquier lugar del mundo, en toda agrupación, existen tres niveles de personas que se relacionan; lo que significa que siempre hay alguien que está un nivel por encima de usted, y alguien que está por debajo. Uno de los mayores secretos del éxito en las relaciones es aprender a lidiar con esos niveles; es un fragmento de la piedra filosofal de las relaciones humanas.

Las relaciones verticales se establecen entre personas que están en diferentes niveles jerárquicos y tienen, por lo general, nombre específico: padre-hijo; jefe-empleado; profesor-alumno, etcétera.

El padre puede ser un excelente cirujano dentista. Se encuentra en una posición superior en su área profesional en relación con su hijo, que ni siquiera ha ingresado a la universidad, pero no por eso el padre es mejor o superior que su hijo, sólo tiene un mayor desarrollo.

Viéndola desde otra perspectiva, la clasificación puede cambiar. En una elección, el voto del padre tiene el mismo valor que el de su hijo o el de su compañero de trabajo. Como electores, el padre, el hijo y el compañero de trabajo están en el mismo nivel, son parte de una **relación horizontal**, cuyos miembros son iguales: electores, colegas, hijos, amigos, cónyuges, entre otros.

Si un chico maneja bien las computadoras y su padre no puede ni prenderlas, en ese momento, el hijo está por encima del padre. Eso no significa que sea mejor, sino que tiene un mayor desarrollo que el padre en esa área.

Por tanto, el criterio de superioridad de una persona en relación con las demás es relativo. Las diferencias son completamente transitorias y cambian, no sólo por el trayecto personal, retrógrado o progresivo, sino por la influencia de las circunstancias.

Sin embargo, podemos tener la certeza de que si alguien se considera superior a todos porque es rico, poderoso o célebre, por ejemplo, se trata de una persona que tiene una falsa imagen de sí misma.

Así, la sabiduría de una persona progresiva es evidente cuando tiene:

• La digna humildad de estar siempre dispuesta a aprender.
• El profundo reconocimiento del valor de los demás.
• El deseo de igualdad entre los seres humanos.
• La elevada conciencia de la relatividad y transitoriedad de la superioridad o inferioridad de las personas.
• El intenso sentimiento de pertenencia a este universo grandioso.

Cómo tratar a los desconocidos o diferentes

Cuando el niño siente que alguien es distinto, ya sea por el color de su piel, su ropa, el idioma que habla, cualquier otro elemento, le pregunta a su madre o a algún adulto cercano la razón de la diferencia porque quiere entenderla.

El niño, en su ingenuidad, pregunta sobre las distinciones con naturalidad, impulsado por la curiosidad. Los adultos, más "civilizados", no preguntan nada porque saben que cuestionar puede ser inconveniente; el silencio es, incluso, una forma de respetar al otro persona, sea cual sea su condición.

Cuando un niño pregunta por qué otra persona es pobre, o tiene la nariz muy grande, surge la oportunidad sagrada del aprendizaje. Su atención está concentrada en oír la respuesta que sus padres den, y aprender de ella.

Ante la pregunta es fundamental responder con la verdad cuidando no lastimar a nadie. Lo que no debe hacerse, es enojarse con el niño, regañarlo e indicar que no debe preguntar, con esta respuesta lo más que puede aprender es a elaborar prejuicios.

Si el niño está de acuerdo, no es necesario darle muchas explicaciones. Las respuestas largas desbordan el campo que necesita llenar en su cerebro. Necesita una respuesta clara, corta y adecuada a su edad y desarrollo.

Con desconocidos diferentes, el Yo emplea diferentes métodos para relacionarse con el Tú. Primero, identifica, después empieza a conocer al Tú. El Yo progresivo no se considera superior ni inferior a quien no conoce.

El Yo retrógrado, por prejuicio, inmediatamente se considera superior al diferente.¿Qué criterio utilizó para llegar a esa conclusión? Ese mismo criterio, ¿será válido para el Tú diferente o desconocido?

Cuanto más pueda una persona conocer a quienes son diferentes o desconocidos, con más facilidad se relacionará con el mundo.

Si desde la cuna el ser humano aprendiera a aceptar a quienes son diferentes y desconocidos, más que a considerarlos peligrosos, enemigos o inferiores, todos seríamos más sabios, ricos y felices.

El mundo sería monótono y miserable si los seres humanos fuéramos iguales. No tendríamos el placer de conocer países y pueblos diferentes, ni saborearíamos platillos diferentes en nuestro menú, ni nos moveríamos al ritmo de melodías exóticas…

Vale la pena enseñar a nuestros hijos la riqueza de la diversidad, la cooperación con quienes son distintos, la belleza de las relaciones entre el hombre y la mujer, la fuerza del vínculo entre padres e hijos, sin olvidar a los viejos, que pueden enriquecer a los nietos hablándoles sobre su vida, ya que los padres no tienen tiempo para ello. La riqueza de su experiencia hará el futuro de los nietos.

El prejuicio: veneno para las relaciones

La educación sobre las relaciones debería partir de la premisa de que, ante la naturaleza, los seres humanos son iguales, y las diferencias entre individuos no se miden con criterios de superioridad o inferioridad, mejor o peor, sino por grados de desarrollo.

Quien es diferente no es mejor o peor, es diferente, así como los hijos son distintos de sus padres, y viceversa. Los padres están más desarrollados, pero no son ni mejores ni peores que los hijos. El papel de profesor o proveedor es diferente del de alumno o dependiente. Si el primero no existe, el segundo tampoco.

Las palabras pueden ser controladas más fácilmente que la comunicación no verbal. Muchos prejuicios, justamente, se sustentan en la comunicación no verbal.

Si fuera a visitar a un pariente con el que tiene poco contacto, y fuera mal recibido por un niño, ¡tenga cuidado! Puede ser que el niño sea un maleducado y trate mal a todos, o bien, en esa casa se habló mal de usted antes de que llegara.

Así, sin importar el asunto, comida, religión, raza o profesión, lo que sentimos se comunica con lo que hablamos. Los niños que afirman que no les gusta algo que no conocen evidencian un prejuicio. Es decir, tienen una idea preconcebida de algo antes de hacer contacto.

También hay prejuicios positivos, cuando se valora algo antes de establecer contacto; por ejemplo, muchos jóvenes le atribuyen a la marihuana poderes que no tiene, mientras que muchos padres piensan que si hijo es un adicto ha fumado marihuana, aplicando un prejuicio negativo. De esta manera, en un campo que ya esté minado, los prejuicios de ambas partes generan conflictos en las relaciones entre padres e hijos.

No hay nada peor para una relación saludable que cuando el Yo que se relaciona consigo mismo cree estar relacionándose con un Tú. Si el Yo tiene un prejuicio respecto del Tú, aunque esté ante el Tú, ve solamente el concepto que guarda de él, y por tanto, no logra ver al verdadero Tú.

Armonía y sinergia entre los conocidos

Entre el grupo de los conocidos existen tres niveles: superior, inferior e igual.

Los criterios de evaluación en niveles son subjetivos y transitorios, y varían de acuerdo con la época, los aspectos que inciden en la clasificación, el contexto social, la región, y otros factores, que darían como resultado una larga lista.

El objetivo de la piedra filosofal de las relaciones humanas sería hacerlas un espacio progresivo. Es una tarea vana, resulta imposible terminar con todas las personas retrógradas, pues forman parte del arsenal humano de comportamientos. Es necesario saber que existen, y aprender a lidiar con ellas.

Dado que los primeros pasos de la gran caminata del ser humano se dan en la familia, es en ella donde se aprende a ser progresivo o retrógrado. Así, esa piedra filosofal es formada por la familia, y complementada por la sociedad, por medio de las escuelas.

La naturaleza es bastante simple, dentro de su complejidad. Las relaciones podrían, de la misma forma, ser simples.

Las relaciones humanas están compuestas por un mínimo de dos personas: Yo y Tú.

Si el Yo estuviera en un nivel superior al Tú, podría:

•Obtener ventajas de la situación, en detrimento del Tú.

- Ayudar y favorecer sólo a quienes se vinculan con el Yo; persiguiendo al Tú y a los suyos.
- Maltratar, ofender, explotar, ignorar, humillar, limitar, excluir o cualquier otra acción negativa que implique sufrimiento físicos, psicológico o social al Tú y los suyos.
- No querer estar en el lugar del Tú, y pasar por todo lo que el Yo le inflige.
- Provocar sentimientos negativos en las personas a su alrededor.
- Ser omnipotente y retrógrado.
- "Salir por la puerta trasera".

Si el Yo estuviera en el mismo nivel donde está el Tú, podría:

- Tratar de eliminar, sabotear o fastidiar al Tú.
- Restarle méritos al Tú, ensuciar su imagen, hablar mal de él, todo con la finalidad de sacarlo de la competencia.
- Tener miedo de una competencia abierta, saludable y directa con el Tú.
- Desgastar la energía del Tú, perjudicando su rendimiento.
- Los ojos del Yo harían bizco: uno estaría fijo en el objetivo deseado; el otro, en sus competidores, cuidando que no le hagan trampa…

Si el Yo estuviera un nivel por debajo del Tú, podría:

- Querer derribar al Tú y a todos los que estén en ese nivel.
- Negar, desafiar, desobedecer, fingir que no oye, no hacer caso, hacer lo contrario de lo que el Tú le pide.
- Sentir envidia de quien esté por encima de él.
- Mostrarse superior en algún aspecto que no viene al caso (soy pobre, pero honesto).
- Tener aversión a relacionarse con el Tú y con cualquier persona que esté en un nivel superior al suyo.
- Crear molestias en quienes le rodean.

- Perder oportunidades de crecimiento, retrasando el servicio a los demás.
- Ser retrógrado.

Los denominadores comunes de todas esas actitudes son: destructividad, sentimiento de omnipotencia, arrogancia, envidia;, celos, competencia desleal, desprecio, exclusión, entre otros; y todos ellos son características retrógradas.

El lenguaje del amor

Las relaciones progresivas usan el **lenguaje del amor** en los tres niveles, independientemente de dónde se encuentren el Yo y el Tú.

En el lenguaje del amor, donde todos ganan, los verbos principales son: ayudar, acompañar y admirar. Todos promueven el bienestar e inician con la letra "a", de amor.

- Si el Tú estuviera en un nivel inferior, el Yo debería guiarlo.
- Si el Tú estuviera en el mismo nivel, el Yo debería acompañarlo.
- Si el Tú estuviera en un nivel superior, el Yo debería admirarlo.

En una relación vertical, donde el Yo ayuda al Tú, que se encuentra en un nivel inferior, despertará en él sentimientos buenos como gratitud, buena voluntad, deseo de retribución, sensación de ser reconocido, todo lo que producirá en el Tú un aumento en su autoestima, y un deseo de ayudar al Yo para que progrese aún más. El Yo será siempre bien recibido en casa del Tú, donde tendrán las puertas abiertas.

Para las personas progresivas, es casi irrelevante el nivel en que se ubican, pues su comportamiento relacional depende más de sus valores internos (superiores) que de la posición en que se encuentran. Los progresivos saben que las ventajas y las desventajas son transitorias, así como el poder y la fama, y se adaptan bien a cualquier situación. Sobrevivirán en paz no los grandes, los famosos, los poderosos, sino los que mejor se adapten a los cambios. La principal fuerza de la persona progresiva es su poder de evolucionar.

Para superar el carácter transitorio de las relaciones, tanto los padres como sus hijos adolescentes tienen que ser progresivos y comprender que los tres niveles de relación se integran sinérgicamente.

Cuando llega la adolescencia, los tres niveles empiezan a mezclarse, el hijo puede estar, al mismo tiempo, en todos ellos respecto a sus padres: debajo, por su dependencia económica; en el mismo nivel, cuando juega como su compañero en un deporte, en igualdad de condiciones; y por encima, por ejemplo, cuando habla un mejor inglés o sabe usar bien una computadora, algo que sus padres no dominan.

Vivirá mejor quien esté más preparado para lo que la vida le ofrece o lo que la fatalidad acarrea. De un momento a otro, alguien que estaba en un nivel superior puede pasar al inferior por cualquier causa. ¿Cómo podría un hijo retrógrado cuidar de sus padres si fuera necesario?

De repente, ahí estaba yo, un superpadre, en una cama de hospital reponiéndome de una cirugía, conectado a varios tubos, rodeado de enfermeras y médicos, todos ellos extraños que me cuidaban muy bien, pero mi alma sólo se sentía contenta cuando estaba en los brazos y bajo el cuidado de mis hijos y mi esposa.

Capítulo 2

Cómo ser una familia de alto rendimiento

Cómo nace una familia de alto rendimiento

El mundo está en constante cambio.

El pasado quedó atrás, como parte de la historia que recordamos, el presente cambia a gran velocidad y nos impulsa hacia un futuro inimaginable.

Las estructuras físicas ya construidas se adaptan a los avances tecnológicos en diversas áreas, lo que hace poco era nuevo, hoy se vuelve obsoleto.

Mientras esto sucede en el mundo exterior, el cerebro de algunas personas no logra ir al parejo de los avances, porque no se ocuparon en elaborar sus actualizaciones mentales cuando era necesario. El cerebro, estructura viva y genética de los cromosomas, no cambió: la mente, la estructura viva del "así somos", sufrió una gran mutación.

El cuerpo humano sigue siendo prácticamente el mismo desde hace milenios. La vida individual empieza con el primer aliento de la respiración y termina con el último, aunque existen otras concepciones sobre la existencia.

Tenemos un plazo vital para hacer todo lo que queramos y podamos. Nuestra meta final es la felicidad.

En una sola generación, miles de años de "así somos" se vieron alterados.

La familia adquirió gran relevancia, sobre todo la familia considerada bajo la perspectiva de nuevos enfoques educativos. Por medio de nuestro proyecto de educación "Quien ama, educa" se busca alcanzar el mejor rendimiento de todos los miembros que integran este grupo.

Grandes transformaciones en el comportamiento humano

En las últimas décadas se han producido grandes transformaciones en el comportamiento y las relaciones humanas, que no fueron previstas por los estudiosos de la psiquis hace 50 años, y siguen produciéndose a diario, silenciosa y gradualmente.

Cada uno de nosotros, casi sin darnos cuenta, formamos parte de esas modificaciones, sólo las percibimos cuando fueron muy grandes. En ese momento nos parecieron nuevas, extrañas o no.

Me parece importante que cada persona sepa de qué manera ha participado en esos cambios, y tenga conciencia de su influencia.

La familia transitó profundas e importantes revoluciones en las últimas décadas. Algunos padres insisten en repetir modelos ya superados, incapaces de separarse de una lamentación nostálgica: "Qué ganas de que volviera la época de antes. Cuando yo era chico, bastaba con que mi padre me mirara, para que lo obedeciera".

Pero si en verdad hubiera sido un modelo tan bueno, habríamos repetido lo que nuestros padres hicieron, y no hubiéramos participado en esa revolución evolutiva.

Ese anacronismo puede generar dificultades en la educación de los hijos en la infancia, y en la adolescencia.

La administración empresarial aplicada al hogar

El mundo empresarial también ha sufrido infinidad de cambios, las empresas disminuyeron de tamaño, los empleados son despedidos, y recontratados como trabajadores independientes. Se apuesta por la subcontratación de servicios.

La generación de los padres vivió en carne propia este cambio en el mercado laboral, muchos entraron como mensajeros u *office boys* y mediante su esfuerzo y constancia ascendieron hasta alcanzar la gerencia o la dirección.

Hoy en día, los años de dedicación a una compañía pueden considerarse puntos negativos en el currículo si durante todo ese tiempo se desempeñó la misma función. Hoy existen otros valores a considerar, además de la constancia en el cumplimiento de una obligación, valores que diferencian a un trabajador bueno de uno mediocre.

La estructura empresarial también se transformó. Antes, recordaba mucho a la jerarquía militar. El poder de una persona en el trabajo podía medirse en función de la cantidad de empleados que dependían de él, era más importante cuanto menos personas estuvieran colocadas en una posición superior de la suya en el organigrama.

Se trataba de una estructura piramidal, con relaciones verticales. Actualmente, las relaciones de trabajo son más horizontales y abiertas.

Si en el pasado un empleado tenía tareas muy definidas, hoy no es suficiente con que realice exclusivamente su trabajo;, es decir, nada más lo que se le pide. El buen empleado es quien actúa como si perteneciera a una microempresa dentro de la empresa.

Los valores que se exigen para la realización profesional son: iniciativa, eficiencia, creatividad, disciplina y, por encima de todo, inteligencia relacional.

Mientras esto sucede en el medio empresarial, ¿qué ocurre en el seno de la familia? ¿Acaso los modernos conceptos de gestión se aplican en la casa?

Por lo general, los profesionistas deben dividirse en dos: tienen un gran desarrollo laboral, pero son prácticamente ausentes en casa. Es como si tuvieran un pie en el tercer milenio y otro en el aire, buscando apoyo.

Esos mismos profesionistas de éxito buscaron alternativas para mejorar la vida de sus hijos con base en el método de ensayo y error, ya que no había quien les "enseñara" el camino correcto, porque nadie sabía bien a bien qué o cómo hacer.

Cuando una familia se cierra para resolver sus problemas de educación, reinventa sus primeros pasos en el campo educativo, mientras que en lo social y personal corre a toda velocidad.

Así, la educación acabó por transformarse en una colcha armada con retazos; es decir, las acciones educativas se aplicaban en función de lo que los hijos hicieran, y de cuándo lo hacían, así como de la actitud, disponibilidad, sentimientos y conocimientos de los padres en ese momento.

Los padres sabían que sus referencias infantiles y adolescentes no les servían, eran conscientes de la dificultad de saber qué hacer y de estar en una época en donde las hijos son diferentes a los de antes, incluso, al tipo de hijos que ellos mismos fueron.

Tipos de estructuras familiares

Las familias actuales se construyen de maneras diversas. Este grupo dejó de ser un núcleo piramidal de personas unidas por la sangre, bajo el poder superior del padre, seguido por el de la madre para "cuidar la casa y criar a los hijos".

La familia actual es un núcleo afectivo, socioeconómico, cultural y funcional, con un espíritu de equipo donde conviven hijos, medios hermanos, hijos postizos, padres tradicionales, no tradicionales, separados, vueltos a casar, el nuevo compañero de la madre y la nueva compañera del padre.

El relato que sigue, es un ejemplo frecuente de lo que sucede en la mayoría de las parejas que se separan.

Una pareja, María y José, con hijos, se separa. María, tal como sucede en el caso de muchas mujeres, se queda con los bienes afectivos: los hijos, mientras José se queda con los bienes materiales: el dinero. Hoy existe la custodia compartida, donde los hijos se pueden quedar tanto con la madre como con el padre. Esta custodia es una conquista de los varones.

Generalmente, María conserva la estructura de la familia: madre e hijos. José vuelve a vivir solo. En pocos casos, los Josés regresan a vivir con sus padres. María tarda más tiempo en volver a casarse que José, quien pronto encuentra una nueva compañera.

La nueva compañera de José puede ser una mujer soltera, lo que ahora es raro, o una mujer divorciada con hijos. Generalmente, las Marías se quedan con sus hijos.

José tiene una nueva familia, quizá cuida a los hijos de su nueva mujer, reduce la pensión de hijos porque se quedaron con María. Muchas Marías se ven en la necesidad de entablar juicio para que José les pague pensión.

Actualmente, María también puede encontrar un nuevo compañero. Se los presenta a sus hijos, pero la situación se complica si ellos no lo aprueban, porque las Marías prefieren no volverse a casar con tal de no generar conflicto con sus hijos, aunque los Josés se hayan vuelto a casar.

Es natural que la nueva mujer de José quiera, como máxima muestra de amor, embarazarse de él, darle un hijo. Las Marías, cuando aman, quieren darle hijos a su amor, pero cuando se separan, no se los entregan. La misma María no los entregó, y la nueva mujer de José lleva consigo a los hijos que se quedaron con ella.

Pero José no soporta la conversación insistente que surge noche tras noche. Por fin, su nueva compañera y él deciden tener un hijo, sólo uno... No es raro que las Marías contraríen a su nuevo marido y se embaracen calculadoramente, "sin querer". Algunos Josés se separan de ellas, pero la mayoría termina por entrar en el juego de la nueva mujer.

Los hijos que se quedaron con María van de visita a casa del padre éste es el cuadro: José y sus hijos de dos mujeres diferentes, más los hijos postizos de la nueva mujer; la nueva mujer con hijos de dos hombres, José y su ex marido; y todos bajo un mismo techo.

Mientras los hijos son pequeños, organizar esas situaciones corresponde a los adultos. A medida que la adolescencia llegan a cada uno de los hijos, la red de relaciones se altera, pues los cambios de uno repercuten en los demás integrantes de la red.

Lo que caracteriza a la adolescencia es la autonomía de comportamiento, lo que significa luchar para conseguir lo que se desea. Los adolescentes se sienten con derecho de cambiarse de escuela, de vivir con su padre o con su madre o, cuando éstos viven juntos, de obedecerlos o no. El adulto que no es obedecido no es respetado por sus hijos, entonces inicia el reinado de la confusión general.

Algunos hijos cuando son adultos jóvenes, pueden no querer vivir con ninguno de sus padres, sino solos, aunque no tengan aún independencia económica. Tal vez, por eso, ahora José esté pagando los gastos de tres lugares: su casa, la de su ex mujer con sus hijos pequeños, y la del hijo mayor.

Para acabar con esa confusión generalizada, lo importante es que la familia funcione como un equipo. Cada integrante tiene derechos y obligaciones, establecidos entre los integrantes, sin importar si es hijo o hijo postizo. Lo que es bueno para uno no puede perjudicar a otro, dice la ética familiar. El equipo familiar es una minisociedad, y debe hacer valer la ciudadanía familiar.

La familia que adopta el sistema del equipo no tiene problemas de consanguinidad. Tampoco importan edades, sexos, etapas de la vida (adulto, adulto joven, adolescente, niño), porque cada uno es líder en el aspecto en que está más desarrollado.

Ahí donde un adulto tiene limitaciones, un niño puede conseguir mejores resultados. Un adolescente podría manejar mejor lo relacionado con la informática, mientras que las finanzas quedan a cargo de los adultos.

El éxito de un equipo familiar es la calidad de vida de todos. La felicidad no está esperando, quieta, a que vayamos por ella: está en el camino, en cada paso bien orientado que damos, sin lamentarnos por lo que no tenemos, sino disfrutando lo que sí, como la compañía que tenemos.

Esto aplica a muchos otros tipos de familia: padres que trabajan fuera de casa mientras sus hijos la cuidan; padre anciano, madre joven e hijos adolescentes; adultos jóvenes que ya son padres; niños pequeños cuidados por sus abuelos; Marías y Josés con más de dos matrimonios; etcétera.

Si Freud viviera, como era inquieto y emprendedor, estaría actualizado y conectado a Internet, así podría conocer los sueños de las personas y profundizar en los nuevos dolores del alma; y nos iluminaría con nuevos y magistrales recursos prácticos que darían un nuevo enfoque al psicoanálisis. El complejo de Edipo se ampliaría tal vez, incluyendo a nuevos personajes, y su lectura psicoanalítica sería actualizada. Sus adeptos, quizá, ya no hablarían tanto de las pérdidas experimentadas en la infancia...

El proyecto educativo "Quien ama educa"

Si la familia, anteriormente, funcionaba en un esquema de jefatura patriarcal, hoy debe hacerlo como un equipo, éste, es un avance, pero puede ser aún más eficiente si se le aplican conceptos del mundo empresarial.

Todos los equipos tienen un proyecto fundacional y valores básicos. De la misma forma, los padres necesitan tener un proyecto de educación para sus hijos. Sugiero, para ellos, que sigan el proyecto educativo "Quien ama educa".

Durante mucho tiempo se dijo: "Quien ama, cuida"; "Quien ama, provee"; "Quien ama, perdona", etcétera. Nuestros adolescentes han sido cuidados, provistos, perdonados, pero carecen de educación.

El proyecto educativo "Quien ama educa", tiene como objetivo hacer de los hijos ciudadanos felices y exitosos, y su meta es que los padres dejen de ser fundamentales para satisfacer las necesidades materiales, aunque sigan siendo afectivamente importantes.

Por medio de este proyecto es posible inculcar a los hijos valores esenciales como: espíritu emprendedor, eficiencia, creatividad, disciplina, espiritualidad y, sobre todo, inteligencia relacional, además de gratitud, ciudadanía y ética.

Hay una serie de conocimientos que deberían incluirse en la educación de los hijos, para estimular el desarrollo de su personalidad. Es como plantar semillas y ayudar a las plantas a crecer. No sirve de nada poner abono en una tierra que tiene semillas; tampoco injertar una planta y después abandonarla. Las mejores semillas son los valores superiores, y su mejor abono, practicarlos.

No es útil tener resuelta la vida en lo material, y sentirse feliz o infeliz por depender tanto afectiva como económicamente de otros.

La infancia es la etapa del aprendizaje del alfabeto relacional. Hasta los cuatro años, el niño absorbió y decodifico el mundo alrededor, incluso sabe cómo enfrentar diversas situaciones, aunque no las comprenda a fondo.

El adolescente siente el deseo imperioso de mostrarse, de ser visto por otros, está búsqueda de autonomía de conducta social que embarga a su personalidad, haciendo difícil la convivencia con quienes le rodean. En esa fase, le encanta ir a lugares atiborrados de chicos y chica donde no puede entrar,… También les gusta mucho ir a la escuela, pero les desagradan las clases…

En la adolescencia, los problemas no resueltos o no tratados en la infancia resurgen; es altamente probable que los padres progresivos logren rescatar una infancia mal sembrada o mal cultivada, mientras que los padres retrógradas tratarán a sus hijos adolescentes como si fueran niños, con lo que empeora la situación.

Es una expresión de uso común decir: "Fulano es así por sus traumas infantiles"; sin embargo, Fulano puede haber tenido problemas en la adolescencia, incluso después de vivir una niñez feliz. La adolescencia traumatiza a las personas.

"Quien ama educa" en la práctica

El proyecto de educación "Quien ama, educa" tiene como principal referente la teoría de integración relacional, formulada por mí con base en investigaciones personales en torno a varias teorías de desarrollo de la personalidad, y en mi práctica clínica que tiene el sustento de miles de consultas dadas a adolescentes y sus familias.

En la práctica, el proyecto tiene dos partes complementarias:

La primera parte está dedicada a los niños, y abarca desde el embarazo hasta la adolescencia. Los temas se abordan en mi libro *Quien ama educa*. A continuación enlisto sus aspectos principales:

- Actualización y adecuación de las funciones de la madre y del padre.
- Pareja que se embaraza.
- Comportamiento tipo vegetal, animal y humano.
- Felicidad egoísta, familiar, comunitaria y social.
- Principio de coherencia, constancia y consecuencia.
- Auxilio obligatorio de la red educativa.
- Educación a seis manos (escuela, madre y padre).
- Aprender a guardar los juguetes.
- Disciplina y límites adecuados en cada etapa.
- Los berrinches y el método de la sacudida.
- Educación del "sí" para que el "no" tenga relevancia.
- Atender a los hijos cuando hacen paradas estratégicas.
- Alfabetización relacional.

La segunda parte del proyecto está dedicada a los adolescentes y se aborda en este libro. Destaco algunos temas para aclarar la idea integral de ese proyecto de educativo:

- La adolescencia: el segundo parto.
- La generación *tween*.
- Las etapas del desarrollo de la adolescencia: confusión y sentimiento de omnipotencia en la pubertad; el estirón; la menstruación y el cambio de voz; el sentimiento de omnipotencia juvenil.
- El adulto joven: la generación polizonte.
- La independencia financiera: el tercer parto.
- La formación continua: estudiar es esencial.
- Los puntos indispensables para la formación del ciudadano ético: educación relacional, hormonal, sexual; educación contra el uso de drogas; educación financiera; educación para apreciar los valores superiores inmateriales, y educación para el trabajo.

¿Cómo preparar a un hijo para el éxito?

No es suficiente ofrecer a su hijo una buena escuela, cursos de actualización extracurricular, buena alimentación y los mejores cuidados médicos, porque la educación es un proyecto que requiere estrategias de acción precisas, para alcanzar el objetivo deseado.

Un padre emprendedor no despierta el espíritu emprendedor de su hijo sólo con el ejemplo.

William, de quince años, era inteligente, pero recurso el primer año de preparatoria. Carece de iniciativa pero quiere aprender a manejar y que su papá le compre un auto Ferrari rojo. Tiene la costumbre de agredir verbalmente a su madre, e incluso la amenaza físicamente. Le dice que es una inútil y rompe todo lo que está a su alcance si ella no le da un vaso de agua.

Su padre, de origen humilde, es un empresario exitoso. Deportista y emprendedor, siempre intentó cumplir los deseos y caprichos de su hijo. Trataba a su esposa, la madre de William, como criada. El padre pasó de sentir orgullo por su hijo a sentir vergüenza de él. Hacía responsable a "su madre" de la situación. A petición de ella, el padre lo llevó a su trabajo, pero ahí también William no hacía nada, y tampoco salía del restaurante. El padre le decía con frecuencia que era un "comelón incorregible", y que ya no lo quería tener cerca.

William no sabe usar una computadora, detesta leer, le da vergüenza ser gordo, pero no quiere hacer nada de lo que le dicen y sólo hace lo que le place. El padre no logró transmitir a su hijo su espíritu emprendedor.

Así, el hijo aprendió a no hacer nada. Su padre, un triunfador en su profesión, se siente como un fracasado en lo que era para él más importante: su único hijo.

Uno de los puntos en los que este padre falló fue en hacer todo por su hijo sin que éste moviera un dedo. Hacer todo por un hijo, además de que no es didáctico de forma positiva, lo enseña a no hacer nada; es decir, se pierde el objetivo de la educación y con eso toda la estrategia de sus efectos. El hijo no puede hacer nada a su manera, pues su padre tenía siempre la mejor solución.

El hijo simplemente aprovechó el camino trazado por su padre y se volvió un espectador en la vida. Sus pasos eran guiados por la exagerada solicitud de los progenitores, y cualquier paso en falso era duramente criticado por su padre.

El niño tiene un instinto innato de actuar, de emprender cosas, ya que no conoce el peligro y aún no desarrolla el superego, instancia psicológica que regula nuestras ideas y acciones.

El adolescente es emprendedor por impulso, falta de temor y energía hormonal. El joven con sentimiento de omnipotencia siente que puede hacer todo y que nada malo sucederá.

William se sentía omnipotente en sus fantasías e incompetente en la realidad. Íntimamente sentía que iba a fracasar en cualquier iniciativa que emprendiera, y para no ver frustrados sus deseos tiranizaba a sus padres a través de su dependencia. Así, en lugar de ser emprendedor, se transformó o fue transformado en un "esperador".

Transformar los sueños en proyectos de vida

Un líder educativo es quien aprovecha positivamente el "espíritu emprendedor natural" del niño y del adolescente. Antes de estimular sus acciones, sus padres podrían "fomentar sus sueños", haciendo que los hijos visualizaran los resultados pretendidos.

La segunda etapa es transformar el sueño en proyecto. En caso de que no se alcance esta transformación, todo se queda en una fantasía, en soñar por el placer de soñar. Ese placer es muy especial, y nadie tiene derecho de frustrarlo. Muchos logros empezaron con fantasías, que después se convirtieron en sueños.

Un buen ejemplo de una fantasía es cuando alguien, al ver cuánto dinero se ha acumulado en un premio de lotería, se queda imaginando lo que haría con tal cantidad; sin embargo, no podrá ganarlo si no compra un boleto...

Cuando compra un boleto, la fantasía se convierte en sueño, cuya concreción depende, exclusivamente, del azar.

La tercera etapa es el establecimiento de metas. El gran objetivo es realizar el sueño, pero cada paso que se da puede ser, a su vez, una meta, con un plazo dado para cumplirse. En este momento, el sueño se acerca a la realidad.

La vida escolar de William era tan mala que, para él, aprobar el año era una fantasía. Y para los padres, su obligación. Pero William nunca podría aprobar si no transformaba la fantasía en sueño.

Las fantasías no se realizan, los sueños sí. Sin importar lo que suceda en la cabeza de los padres, es el hijo quien tiene el poder de fantasear, soñar, transformar las fantasías en sueños. Los padres estaban tan preocupados porque su hijo aprobara el año, que podían darse cuenta del poder que tenía.

Del hijo que espera al que emprende

A través de la terapia, William y yo —como su terapeuta—, logramos identificar sus fantasías y empezar a transformarlas en el sueño de aprobar el año escolar. Estábamos empezando a poner un pie imaginario en la fantasía para tener un terrero firme en el espacio del sueño.

La mayor dificultad de William era su creencia en la fantasía; es decir, negaba la realidad de tener que estudiar. Se quedaba perplejo ante ésta. ¿Cómo era posible? Nunca había tenido que hacer nada para tenerlo todo. ¿Por qué debía estudiar ahora? Así, el gran problema que William tuvo que enfrentar fue que: la vida no es una fantasía.

Para transitar del sueño al proyecto educativo, era necesario poner "los pies en la tierra". William pudo comprenderlo, pero estaba demasiado confundido para organizarse fácilmente. Prefería usar el truco de la omnipotencia. Decir "no quiero" era su forma de ejercer su voluntad; en cambio, decir "no puedo", era evidenciar una carencia, lo que dañaba su autoestima.

Fue difícil que William aceptara que no era un dios; es decir, que era un simple ser humano que ríe, llora, puede y no puede, tiene razón y se equivoca.

Muchas veces le repetí que mi labor era la de un terapeuta, que no dependía de mí que él aprobara el año escolar. Y que de la misma forma, su felicidad dependía más de él que de mí. Se sentía infeliz, y tenía la esperanza de que la felicidad fuera un regalo, que le llegaría envuelto para él, junto con el Ferrari rojo...

William comprendió que su felicidad dependía de sí mismo. Para sentirse feliz, tendría que dar lo mejor para alcanzar sus metas. La primera meta sería pasar el año, pues nadie podría pasarlo por él.

El pie en la realidad, ahora, sería la meta de mejorar en la escuela, para aprobar el examen mensual. Estaba estudiando pues ya era consciente de que no podría pasar la prueba si no lo hacia.

En ese momento, los padres de William se separaron e interrumpieron su terapia. Si William hubiera empezado algunos meses antes su terapia, con seguridad estaría suficientemente fuerte para luchar por su felicidad, pues empezaba a tener iniciativas incluso en su casa.

Fue una pena que su padre decidiera interrumpir su terapia.

Los padres: líderes educadores

Más que ser sólo líderes que dan ejemplos, los padres deben ser líderes educadores. Tienen que llevar a cabo esa función de manera plena: "educar" viene del latín *educare*, y de acuerdo con el *Diccionario Houaiss*, significa "dar (a alguien) los cuidados necesarios para el pleno desarrollo de su personalidad". Educar es ayudar a un ser humano a desarrollarse, a manifestar sus potencialidades en el mundo exterior.

El "líder" es "la persona cuyas acciones y palabras ejercen influencia sobre el pensamiento y conducta de los demás" (*Diccionario Houaiss*). Un líder es alguien que logra transmitir a quienes liderea su energía vital, su entusiasmo, y reconoce el empeño y las capacidades de todos, agradece y aprecia los resultados obtenidos y comparte cada etapa, desde los proyectos hasta su realización.

La relación del líder con las personas que siguen su liderazgo conlleva una gran admiración recíproca, una sinergia afectiva en los intercambios y una fuerte unión para alcanzar objetivos comunes. Todo buen líder prepara nuevos líderes.

Un "líder educador" es el padre o la madre que logra que su hijo despierte, vea (logre visualizar un objetivo), identifique, entienda, se entusiasme, se comprometa y realice las cosas lo mejor que puede; que haga lo que debe hacerse.

Lo más probable es que una persona que sigue a un buen líder se convierta también en uno, en alguien con éxito. Un buen líder contagia su liderazgo. Un buen seguidor lleva su propio liderazgo dentro de sí.

Es bueno recordar, sin embargo, que no todos estos valores surgen naturalmente. Algunos pueden, y deben, plantarse. Los verdaderos líderes, a su vez, plantan semillas en los otros y los ayudan a desarrollarse.

Algunos padres que son líderes educadores pueden inculcar y fomentar en sus hijos hábitos saludables como, por ejemplo: comer bien; realizar buenas lecturas; hacer deporte; desarrollar intereses en común con los demás e intercambiar experiencias; procurarse una buena salud física y mental, etcétera.

Mi propuesta es que los padres líderes educadores, introduzcan en la familia los conocimientos que han obtenido en su trabajo. El primer paso es lograr que las relaciones se transformen de verticales a horizontales. En las empresas, la tendencia es que no existan jefaturas sino liderazgos. En casa, los hijos empiezan a participar en las decisiones familiares, según sus capacidades y responsabilidades. Por tanto, las decisiones serán tomadas por el equipo, y no sólo por el líder.

Cada empleado, dentro de una empresa, tiene que funcionar como si fuera un profesional autónomo, trabajando lo mejor posible para su patrón; es decir, para quien le da empleo. Así, cada hijo tendría una función que realizar, un papel que desempeñar dentro del equipo familiar.

En el currículo de la creatividad, el tiempo de servicio repetitivo cuenta poco.

En una familia de alto rendimiento, las rutinas serían los deberes diarios, para que nadie pierda tiempo en la rutina de los demás. Arreglar el propio cuarto sería un buen ejemplo. Cada quien debe arreglar el suyo, pues nadie debe sobrecargarse de trabajo con las tareas de los demás, porque todos tienen derecho a realizar algo más creativo y más de acuerdo con sus propios intereses, en el tiempo que les quede disponible.

Los padres-líderes educativos comprenden que los obstáculos que paralizan las máquinas son los mismos que deberían estimular las mentes de sus hijos a buscar soluciones más adecuadas. Las máquinas necesitan órdenes y los hijos, líderes.

Los padres hacen lo que los jefes no

- ¿Qué tendría que hacer un líder con un empleado que se pasara el mes sin hacer nada y se esforzara sólo el día de pago? ¿O padres líderes educadores con un hijo que estudiara sólo en la víspera del examen?

- ¿Qué hace un líder cuyo empleado no produce nada en un mes, pasa otro mes y lo mismo, llega el fin de año y sigue sin tener resultados? ¿Debe seguir pagándole su salario? ¿Qué debe hacer un padre o una madre educadores con un hijo, cuando repite el año escolar?

- ¿Qué debe hacer un líder con una persona a la que le fue dado un automóvil para realizar sus funciones, si ésta deja de trabajar? ¿Y qué deben hacer los padres líderes educadores con un hijo al que le dieron auto por haber entrado a la universidad, pero después dejó los estudios? ¿Deben permitir que siga usándolo?

- ¿Debería un líder aceptar que su empleado, sin razón, empezara a decirle improperios, maltratándolo? ¿Debería un padre o madre aceptar que un hijo, sin motivo, lo maltratara o le respondiera de mala manera?

- ¿Qué debería hacer un líder con un empleado al que da dinero para que realice pagos, pero no lo hace y lo gasta en asuntos personales? ¿Y qué actitud deben adoptar una madre o un padre si el hijo usara el dinero del gasto familiar en antros y alcohol?

- ¿Y qué debe hacer un líder con un empleado que estuviera todo el tiempo metido en chismes, ocasionando confusión a su alrededor y sin cumplir sus obligaciones? ¿Y qué podrían hacer los padres líderes educadores con un hijo que los maltratara con frecuencia, hablara mal de sus hermanos, y dejara todo desordenado a su alrededor?

Las preguntas muestran que existen diferencias entre las conductas o acciones que se adoptan en el terreno profesional y en el familiar.

El gran problema que se plantea es que los hijos no son empleados, ni la familia es una empresa. Un líder no tiene lazos afectivos consanguíneos con sus empleados. Lo que determina su relación es el trabajo.

Tanto un líder como sus empleados están sujetos a ser despedidos inmediatamente, por los cambios que sucedan en las empresas para las que trabajan.

En una familia no se despide a nadie. Pero eso no significa que esté permitido que alguno de los integrantes incumpla las responsabilidades que le corresponden. Por el contrario, en la familia existe el amor filial, paterno, y materno, además el de un proyecto de vida que se caracteriza por un compromiso vitalicio recíproco.

A un mal empleado pueden despedirlo, ¿pero qué pasa con los malos padres? El precio que pagan es más alto y duradero, pues influye directamente en la formación de sus hijos. No hay nada que haga sufrir tanto a los padres como tener malos hijos.

Un empleado puede ser sustituido por otros, pero todo hijo es insustituible, aunque tenga varios hermanos.

Si bien esas situaciones pueden ser difíciles, las oportunidades de acertar de los padres superan las posibilidades de equivocarse, pues en ellos existe el amor y el deseo de hacer las cosas bien.

Gracias a la familia, un bebé crece y se desarrolla. Quien no tiene familia, contó con alguien que cumplió esa función.

El ciclo de la vida humana es perfecto en sus diferentes etapas. En las que hay una mayor dependencia, como la infancia y la senilidad, podemos contar con el cuidado de los adultos. Un hijo que depende de sus padres tendrá la oportunidad de retribuirlos cuando envejezcan.

Por mejores que resulten algunos empleos y trabajos, son transitorios en la vida de los individuos, los trabajos existen en función de la vida, y no la vida en función de ellos. Trabajamos para vivir, no vivimos para trabajar.

Los padres líderes educadores no cargan solos a sus hijos, sino que los alientan a comprometerse con el éxito de toda la familia. Aunque cada quien haga "su parte" muy bien, queda la preocupación de ayudar a los demás en lo que necesiten.

La familia: un gran equipo

Podemos aprender lecciones interesantes observando a los gansos salvajes, como afirma el comunicador y conductor de radio Alexandre Rangel, en su libro *Lo que podemos aprender de los gansos.*** Ellos vuelan formando una V, pues es el mejor método para vencer la resistencia del aire. Así, la bandada completa tiene un resultado 71 por ciento mejor de lo que tendría cada ganso si volara solo.

El líder se coloca en el vértice de la V. Necesita ejercer una fuerza mayor que los demás para romper la resistencia del aire, y por eso se cansa más rápido. Los demás se acomodan detrás, abriendo el ángulo de la V, y graznan para animar a los que los preceden.

Cuando el ganso líder se cansa, se pasa para atrás, e inmediatamente otro lo releva y el vuelo continúa.

Si uno de ellos se enferma, dos gansos dejan la formación y lo acompañan para ayudarlo y protegerlo. No lo dejan solo. Se quedan con él hasta que pueda volar nuevamente, o hasta que muera, si es el caso. Sólo después levantan el vuelo y se reintegran a su formación en V original, o a cualquier otra bandada.

El rendimiento del vuelo de la bandada no decae por el cambio de líderes. Ellos comparten una dirección común, y actúan guiados por el instinto comunitario sobre el individualismo. Se ayudan mutuamente en los momentos difíciles. Alternan en el liderazgo, y todos se benefician por ello.

** *O que podemos aprender com os gansos*, en portugués en el original. (N. de T.).

Estos conceptos pueden aplicarse a la familia. Ser progresivo en la familia implica que todos sus integrantes se desarrollen como ciudadanos. Eso debería aplicarse a todas las familias, sin importar la manera en que estén constituidas.

La responsabilidad de mantener la casa ordenada no es sólo de la mamá, que regresa cansada de su trabajo. Es de todo el equipo: cada hijo debe poner orden en sus pertenencias, y lo mismo se aplica al papá.

La familia es un equipo que tiene que ser defendido por todos. Si un adolescente sale de su cuarto sin apagar la luz, se perjudica a todo el grupo. Cada quien debe notar cuándo está sobrecargando a su familia. El trabajo de cada uno es por el bien de todos, pues, en última instancia, dependen unos de otros.

La agitación de uno puede inquietar a otro que esté ligado a él. La alegría de uno se contagia al resto. Los afectos fluyen como si fueran líquidos en vasos comunicantes. Cuando mantiene entre sí un nivel afectivo cercano, la familia está sintonizada.

Ese espíritu de equipo debe experimentarlo el adolescente cuando está lejos de casa, pues donde sea que vaya, representa a su familia. Aun estando físicamente solo, lleva dentro de sí a sus personas queridas.

Las transgresiones domésticas son vulnerables a los acuerdos familiares cuyas consecuencias inmediatas pueden ser insignificantes, pero que anticipan las grandes transgresiones sociales.

La "ciudadanía familiar" es una manera cívica y ética de vivir dentro de casa, respetando y haciendo cumplir sus normas para el bien común; así la ciudadanía familiar antecede a la ciudadanía comunitaria.

Actualmente, es complicado que el padre y la madre se libren de los problemas económicos, es posible que no puedan darse el lujo de que alguno se quede en casa para educar a sus hijos. Ambos trabajan para sostener a la familia, aunque tengan pocos hijos o uno. Y aunque no hubiera gran necesidad económica, tendrían motivos para trabajar fuera de casa, para realizarse profesionalmente, para hacer valer un título duramente conquistado, o incluso para encargarse de los negocios de la familia.

Sin embargo, la tecnología y los avances relacionales proporcionan recursos para la educación de los hijos. Son las "redes educativas", el conjunto de personas que los padres conforman para apoyar la educación de sus hijos cuando no están presentes.

Esas redes, en general, están compuestas de niñeras, empleadas domésticas, chóferes, tías, entre otros, que "se encargan" de los niños mientras sus padres trabajan. Son personas especiales, porque reciben de los padres una orientación básica de cómo actuar, y de cuáles son los puntos fundamentales a considerar.

Esa red aplica, en la ausencia de los padres, los conceptos que ellos desean ver cumplidos en los hijos. Si los padres educan a sus hijos para que guarden sus juguetes tras utilizarlos, la red tiene que continuar la misma enseñanza. Así, quienes interactúan con el niño hablan el mismo lenguaje educativo. De esa manera, se cumple el principio educativo de coherencia, constancia y consecuencia.

Esa red es más difícil de usar en los adolescentes, que prácticamente huyen de cualquier tipo de control. Pero sería muy bueno que los empleados de casa les avisaran a los padres de todo lo que sus hijos hicieran, bueno o malo. Cuando los adolescentes saben que sus padres están atentos a sus acciones se controlan más.

Capítulo 3

El amor y las negociaciones
entre padres e hijos

La vida es el movimiento entre el amor y las negociaciones.

La célula necesita de oxígeno para vivir, pero moriría si sólo lo recibiera: sobrevive porque entrega, a cambio, anhídrido carbónico.

Todos los seres vivos realizan intercambios y negociaciones internas y externas.

La inteligencia, la creatividad y la religiosidad incluyen el amor en sus intercambios.

El intercambio, el amor y las negociaciones, dieron lugar a la civilización.

La civilización se integra por familias.

La familia es la cuna del bebé; la escuela forma al niño y al adulto.

El bebé recibe de la familia afecto, y en su seno consolida su autoestima.

El intercambio es biológico; el amor es familiar, y la negociación, social.

Por tanto, el amor es el oxígeno de la humanidad.

Içami Tiba

El amor: esencia de las relaciones humanas

Donde hay vida, hay intercambios. Si un organismo vivo no hace intercambios respiratorios, recibiendo oxígeno y liberando anhídrido carbónico (CO_2), muere. El dióxido de carbono —CO_2— es el producto final de todos los procesos metabólicos en el organismo. Sin éste, el oxígeno mataría a las personas.

En las plantas sucede lo contrario. Ellas necesitan CO_2, y liberan O_2 al ambiente. Estos intercambios son parte de la naturaleza y un gran aprendizaje para los seres humanos. Las plantas necesitan de nosotros y nosotros de ellas.

Se trata de un intercambio biológico, de O_2 por CO_2, que realiza automáticamente el sistema nervioso autónomo. No necesitamos dar una orden mental para que los intercambios se realicen. Por tanto, no hay negociaciones en este nivel biológico. O se realizan los intercambios, o morimos.

Los intercambios emocionales entre enamorados no se miden, ni los aspectos educativos que se reflejan en la cotidianidad lo aprendido, ni la satisfacción personal de haber hecho una buena acción.

El sentido que doy a la palabra "negociación" en este contexto, se refiere a lo que sucede en la relación entre dos o más personas a lo largo de su vida, pero sin el cálculo frío de los negocios, y tomando en cuenta los intercambios afectivos, los favores dados y recibidos, el intercambio de ideas, los esfuerzos educativos, etcétera.

Los intercambios afectivos saludables son los que la familia realiza, los que la hacen sentirse bien. Incluso sin ser mercantilista en el sentido débito-crédito, implican no tener prejuicios afectivos, no sacrificarse trabajando, no desgastarse innecesariamente ni desaprovechar lo recibido. En una situación familiar saludable, todos ganan.

La vida de todas las personas atraviesa, en la familia, por varias etapas de intercambio afectivo. Las abordaré en el presente capítulo, enfocándome, básicamente, en el aspecto educativo.

Lo que se obtiene, en última instancia, es un gran capital humano, mediante la generación de autoestima y la construcción del carácter y de la personalidad.

El amor generoso entre los padres y el bebé

La lactancia en el inicio de la vida es más un dádiva que un inter-cambio. El bebé funciona más por determinación genética que por voluntad propia. Es tarea de la madre hacer una lectura adecuada de las necesidades del bebé, y atenderlo. La madre funciona como auxiliar del bebé, quien la necesita absolutamente.

Cuanto mejor haga ella la interpretación de lo que el bebé necesita, él estará más satisfecho. En esta etapa, lo que muestra esa satisfacción es la tranquilidad del pequeño: significa que se siente feliz. Nada es más gratificante para una madre que ver a su hijo feliz.

Es el "amor generoso", el que hace todo por el bebé.

Ese amor generoso es natural en la maternidad, porque tiene rasgos biopsicosociales. La mujer está preparada biológicamente para ser madre.

En la paternidad, el hombre desarrolla ese amor generoso, ya que no existe una preparación biológica para ser padre. Hoy en día, sin embargo, los hombres se están preparando más, afectiva, familiar y socialmente, para ejercer la paternidad.

El amor que enseña entre los padres y el hijo pequeño

Los niños necesitan de un adulto responsable cerca. En esta etapa, los padres funcionan como una conciencia familiar y social. El niño identifica lo que quiere, pero son sus padres quienes le enseñan o no, lo adecuado de sus deseos. En este momento, más que sólo, dar, es importante enseñar.

El acto de aprender proporciona al hijo seguridad y las bases de su independencia, y así puede empezar a contar consigo mismo. En este momento los padres empiezan a mostrarle lo bueno de aprender, a través de diversos estímulos y refuerzos.

El amor generoso es tan placentero que muchos padres lo mantienen por mucho tiempo, aun cuando ya no es necesario, volviéndolo entonces inadecuado. Es tan agradable, para un hijo, recibir todo gratis, sin tener que hacer algo a cambio…

Un niño que no hace nada no aprende. Lo que transforma la información en conocimiento es la práctica, el hacer cosas. Ésa es una de las razones por las que un niño, más que escuchar, necesita actuar; es decir: hacerlo.

Es más importante darle alguna pista para que recuerde que volver a enseñárselo. El cerebro se cansa de la repetición, la persona se impacienta, y la relación entre individuos se complica.

Después de dar pistas, basta una señal de la mano, o levantar las cejas, para que el niño recuerde lo que se le estaba olvidando.

Si descubre la manera de hacer las cosas, el *know-how*, es más fácil enseñarle el cuándo, el dónde y el por qué.

En el momento de hacer, el niño descubre el funcionamiento de todo, y adquiere un *know-how* que le pertenece, su propio método. El conocimiento es poder, independencia y, además, fortalece la autoestima.

Enseñar a un niño a aprender es una de las mayores lecciones de vida que los padres pueden dar a sus hijos. Nada impide que el niño aprenda solo, pero su método será mejor si, antes de hacer las cosas solo, hubiera aprendido lo básico.

Enseñar algo exactamente en el momento en que el niño lo solicita es ideal: se trata del momento justo para el aprendizaje. Tratar de enseñarle fuera de tiempo representa un desperdicio de esfuerzo de los padres, y un desgaste para el hijo.

Un niño, cuando pregunta algo, espera un tiempo para recibir una respuesta. Es el "momento sagrado del aprendizaje", después, intentará aplicar lo aprendido y hacer las cosas solo.

Los padres deben estar atentos para percibir cuándo llega el momento sagrado del aprendizaje, porque el niño deja de moverse, su rostro se queda quieto, sus ojos brillan, y casi es posible ver a su cerebro a toda marcha.

Es tiempo también de sembrar las enseñanzas que los padres desean transmitir a sus hijos, incluyendo los valores superiores como gratitud, religiosidad, disciplina, ética, ciudadanía, etcétera.

La enseñanza es manifestación de un amor que se parece al amor generoso, pues el maestro se siente gratificado por lo que pudo transmitir a su aprendiz, de la misma forma en que los padres se sienten realizados cuando sus hijos se educan.

El niño necesita del amor que enseña, pues al nacer no tenía más que sus instintos y un inmenso potencial de aprendizaje del entorno.

El amor que enseña es una inversión afectiva y material para el futuro bienestar de los hijos.

Los padres que son líderes educadores, cuando prohíben algo, muestran las causas de su prohibición, haciendo que su hijo "vea" los peligros. Inmediatamente le dan alternativas o caminos, éticos y lícitos, o lo estimulan para que los encuentre por sí mismo.

Es fundamental aplicar el "principio educativo de la coherencia, constancia y consecuencia" en ese amor que enseña. A pesar de que éste amor se dirige a los niños, siempre es tiempo de enseñar a alguien dispuesto a aprender. Lo interesante es que mientras más se sabe, más se quiere aprender. Y mientras más se aprende, más se quiere enseñar.

El amor que exige entre los padres y los niños mayores

Si los niños ya saben cómo hacer cosas, ¿por qué no las hacen? Porque tienen permiso, velado o declarado, para no hacerlas, ya que cuando no actúan no sufren consecuencias.

Lo que los padres enseñan se incrusta en el niño como información que, al entrar en acción, puede transformarse en conocimiento. Éste se consagra en la práctica, mediante el uso, actualizando la información, ya que el conocimiento es información en acción.

Cuando un niño actúa, puede descubrir nuevos caminos, buscar otros resultados.

La misma acción hace que el niño descubra un saber inherente a la acción. Los padres enseñan al niño a guardar un juguete después de jugar con él. El niño aprende esa información. Solamente cuando guarda el juguete, la información se vuelve conocimiento.

Es por esa razón que guardar los juguetes forma parte de la educación progresiva. Muchas veces el niño tiene una inhibición inicial, una especie de vergüenza de guardar sus juguetes porque es algo que no ha hecho nunca. Si no supera la etapa, cada vez le será más difícil pasar a la acción.

Por eso, los padres deberían estimular a su hijo para que guarde por sí mismo sus juguetes. Si el estímulo no funciona, se pasa a la exigencia.

Para los padres que quieren darle a sus hijos todo sin que hagan algo por obtenerlo, no es sencillo exigirles que guarden sus juguetes. Pero quien recibe algo gratis, no se desarrolla.

Negociación entre los padres y la generación *tween*

La generación *tween* es una generación nueva, creada por la mercadotecnia para definir un segmento consumidor integrado por niños entre siete y doce años de edad. Son niños según su edad biológica, pero consumen productos y servicios de adolescentes como tenis, ropa, gorras, teléfonos celulares, juegos electrónicos, computadoras, blogs, Internet, entre otros. Sus padres opinan que son niños listos, precoces, sin límites, increíbles, etc., y se maravillan de todo lo que pueden hacer, aunque también se alarman por los gastos.

Se trata de una generación consumista, y en muchos casos son hijos únicos o con un hermano cuando más. Si sus padres quisieran cumplirles todos sus deseos, ni siquiera entre los dos podrían hacerlo.

Son inteligentes y de razonamiento rápido, y con frecuencia precoces. Quieren comprar todo lo que sale a la venta, y el último modelo.

En el desarrollo biopsicosocial de la adolescencia, los *tweens* abarcan la etapa de la confusión de la pubertad y la etapa final de la infancia. Es en esta etapa de la pubertad empiezan los cambios hormonales y la formación del pensamiento abstracto.

Las grandes preguntas que los padres se plantean son:

- Lo que los *tweens* quieren comprar, ¿es esencial o superfluo?
- Si los padres tienen el nivel económico para hacerlo, ¿es perjudicial para sus hijos comprarles todo lo que desean?
- Si los padres no pueden hacer el gasto porque el presupuesto es limitado, ¿deben hacer sacrificios en otras áreas para satisfacer a sus hijos?
- Los padres, ¿deben dejar a sus hijos hacer lo que quieren?
- En esta edad, ¿ya pueden dejarlos salir solos de noche?

No contamos aún con estudios de largo alcance para saber cómo han evolucionado estos niños, y qué les sucedió. Pero puedo afirmar, basado en mi experiencia clínica, que algunas preguntas pueden responderse considerando la adecuación.

Si una familia tiene un presupuesto justo, vale la pena hacer un balance financiero con los costos de cada objeto esencial para la sobrevivencia, incluyendo lo que desea el chico o chica *tween*. Entre todos pueden ver si el costo de unos tenis o de un celular compensa el sacrificio en otras áreas. De esa manera, los *tweens* tienen la oportunidad de valorar sus gastos en el contexto específico de su familia.

En una familia sin problemas financieros, los padres se entristecen si no le dan a su hijo lo que les pide. Es una excelente oportunidad para negociar. Los *tweens* son muy listos y creativos, y por ello son capaces de transformar objetos superfluos en esenciales.

Los padres consumidores también necesitarían negociar sus propios deseos para educar a sus hijos. Los hijos aprenden mucho imitando a sus padres.

Una de las cosas que pueden hacerse para que los hijos saquen el mejor partido a sus compras es que los padres analicen con ellos las características de lo que quieren comprar. La compra debe adecuarse al uso, y no debe elegirse sólo porque es la más avanzada en su género, con funciones que nunca serán usadas. Hoy en día, un celular es como una minicomputadora y un organizador: tiene agenda, calculadora, despertador, MSN, email, noticias, GPS, cámara fotográfica, entre otras aplicaciones. En la mayoría de los casos, una nueva función no justifica el cambio de aparato, pues ésta puede no ser usada, lo que sería un desperdicio.

Si la familia sufre altibajos financieros, sería bueno que las negociaciones entre padres e hijos consideraran esa variable. Si se contraen deudas cuando la familia tiene ingresos elevados, ¿cómo pagarlas cuando los ingresos disminuyen?

Negociaciones y prohibiciones

En lo que respecta a los comportamientos y hábitos de los *tweens*, es deseable que los padres estén atentos. Sus hijos quieren acompañar a parientes y amigos de más edad en sus salidas nocturnas, "ligar" con las chicas o chicos *tweens*, quedarse hasta tarde en la computadora y pasar la noche en blanco. Aunque no hagan nada, les encanta.

Todo esto refleja una falta de interés en las actividades propias de su edad, como si ya se encontraran de lleno en la adolescencia. Es como si el *tween* dijera: "Si me visto y me porto como un adolescente, soy adolescente". Le molesta mucho que le digan que es un niño, aunque no llega a la adolescencia. Los padres no deben de sufrir esa inconformidad.

Aunque no muestre grandes problemas, como no poderse despertar en la mañana para ir a la escuela, quedarse dormido en las clases, descuidar sus estudios, no hacer las tareas, no despegarse de los juegos electrónicos o de la computadora para compartir la comida, por ejemplo, es necesario prestar atención a los pequeños cambios.

Todos los grandes cambios en el comportamiento empiezan poco a poco, hasta volverse evidentes y dañinos. Corregir lo que ya se modificó es mucho más difícil que cambiar lo que está en proceso de alterarse.

No siempre las correcciones implican negociación, a un preadolescente puede ocurrírsele ir de campamento el fin de semana con sus amigos a la playa. Pero a un niño, aunque sea *tween*, no debe permitírsele viajar solo; por tanto, los papás no deben dejarlo.

Ante la prohibición, el *tween* o preadolescente querrá negociar su fin de semana en la playa. Puede decir: "O voy a la playa, o salgo por la noche a bailar con mis amigos". No hay caso. No hay nada que negociar. Se está prohibiendo algo que se le ocurrió, y eso no modifica anteriores prohibiciones.

Eso me hace pensar en la situación de un preadolescente que quiso "pasarse de listo" con su papá, y le pidió mil pesos prestados. El padre le dijo que no tenía dinero, a lo que él respondió: "Muy bien. Entonces, me los debes". Días después el hijo quiso cobrar la deuda al padre. Pero, ¿quién dijo que el padre debía dinero por no poder prestarle? Los que "se pasan de listos" son rápidos y hacen la ética a un lado.

El principal motivo de esas prohibiciones se basa en que el cerebro del preadolescente, biológicamente hablando, todavía es un cerebro infantil, por ello no tiene las condiciones biológicas, psicológicas y sociales para enfrentar las consecuencias de lo que le suceda, aunque los padres y el preadolescente quisieran que así fuera.

Hace diez años, los jóvenes empezaban a fumar marihuana a los quince años. Hace cinco años, empezaban a los doce, y hoy en día, empiezan a los diez. Las personas que se inician en la marihuana a esa edad son las que salen solas, se quedan más tiempo fuera de casa sin avisar dónde están, van a "lunadas" en la playa, etcétera.

Los *tweens* y los púberes que tienen adultos cerca se conservan por más tiempo lejos de las drogas. Uno de los métodos más eficaces para proteger a los niños es que haya en todo momento adultos responsables a su alrededor. Si no se quedan solos en casa, no tienen por qué salir solos de ella.

El amor que exige y las negociaciones entre los padres y el hijo adolescente

Durante la adolescencia, la negociación adquiere una fuerza especial, debido a la "autonomía de comportamiento". De la dependencia infantil surge el adolescente, hacia una vida nueva cuya referencia central es él mismo. Se trata de una saludable manifestación de la individualidad, una especie de separación mental y física de los padres. Ahora el adolescente está respaldando su propia identidad social.

Como la mayor parte de sus deseos se centra en sí mismo, necesita aprender a negociar sus deseos en relación con los de su familia.

La mayor confrontación, sin duda, surge con sus padres, y después con sus hermanos, que tienen que readaptarse a un "nuevo hermano", y surge así la necesidad de hacer nuevas negociaciones.

Cuando se llega a un callejón sin salida, la presencia de un negociador externo es importante, principalmente para calmar los ánimos y que todos encuentren soluciones de común acuerdo, apropiadas, éticas y progresivas, pues en ocasiones, problemas muy simples pueden desencadenar incluso peleas y golpes.

Los padres no pueden negociar el amor generoso, pues ése no depende de quien lo recibe, sino de quien lo siente. Sin embargo, la existencia del amor generoso no significa que deben hacerse a un lado las negociaciones y compromisos. Este amor es inadecuado cuando lo que se necesita es enseñar y no simplemente dar. Y es menos adecuado aún cuando el hijo no realiza lo que ya aprendió.

Es necesario que el adolescente produzca también en casa, con sus padres, lo que tiene que producir en la sociedad, con sus amigos, profesores, y otros desconocidos.

Se trata de un amor exigente, que pide agradecimiento y correspondencia, tomando en cuenta lo que el adolescente recibe de sus padres, y el propio compromiso y responsabilidad.

En el adolescente se combinan los resultados y las consecuencias. Quien no cumpla con lo establecido, padres o hijos, deben asumir las consecuencias previstas. El principio de coherencia, constancia y consecuencia forma parte del proceso de maduración.

Un adolescente tirano en casa y amable fuera de ella es un mal negociador, resultado de la mala educación. Somete a los padres, y se deja someter por sus amigos.

Los padres no deberían aceptar la tiranía juvenil, pues en una sociedad no debe haber tiranos; es un principio educativo fundamental.

Existe una cierta clase de egoísmo en el adolescente que se lanza a vivir la vida. Lo que no debería de haber es yoísmo, y si se presentara, no debe aceptarse. El yoísmo es una modalidad sutil del egoísmo, donde el adolescente siente que no es amado si no se cumplen sus deseos egoístas. Por tanto, el "yoísta" necesita de un "otroísta"; es decir, de alguien que lo ponga por encima de todos, incluso de sí mismo. El otroísmo es necesario para la existencia del yoísmo.

El otroísmo es una modalidad sutil del altruismo, un amor que evita al hijo hacer lo que tiene que hacer, en un gesto de filantropía y abnegación, que en realidad, perjudica más de lo que ayuda.

Negociación enfermiza: el acoso moral familiar

El acoso se presenta dentro de la familia en el campo moral (acoso moral familiar), y el que asedia, en la mayoría de las veces, es el adolescente que tiene en la mira a sus propios padres. También puede ocurrir lo contrario.

Tarcio es un muchacho de diecinueve años, a quien sus padres le dieron un auto hace un año, cuando entró a la universidad. Es un buen alumno, querido por sus abuelos y tíos, pero algo callado.

Sus padres ya no saben qué hacer con él porque cuando está en casa, se transforma en un tirano, imponiendo a todos su voluntad. No acepta que lo contradigan, grita y se pone agresivo por cualquier cosa, se sirve la comida en su plato y se va a comer a la habitación, no saluda a sus padres y pasa a su lado como si no existieran. Dice siempre que va a liquidarlos y a quedarse con todo, pues ya no los soporta, les sugiere suicidarse.

Cuando está con sus abuelos, se queja de que sus padres lo maltratan y rechazan, y afirma que está pensando huir de casa.

Según los padres, todo empezó cuando entró a la facultad y le dieron el auto, pero la madre ya se había dado cuenta de algunos cambios cuando Tarcio entró a la preparatoria, y empezó a volverse arrogante, respondón, y a decir que sus padres "no entendían nada y todo lo que decían era absurdo".

Hijo único, Tarcio siempre tuvo lo que quiso, incluso sus abuelos le daban dinero sin que él lo pidiera. Nunca invitaba a sus amigos a casa, y cuando salía no avisaba a dónde iba.

Los padres intentaron suspenderle la mesada, pero él no gasta mucho, y cuando necesita algo, sus abuelos se lo dan. No le importa que no lo dejen salir, pues casi vive en su cuarto. No es posible hablar con él, no saben qué piensa o necesita, y sólo repite que desea que sus padres mueran.

Los padres, a pesar de ser padres, se sienten más débiles que su hijo, quien se fortalece por la impotencia de ellos. Los padres no comparten la situación, porque no quieren exponer a su hijo, y además les da vergüenza lo que sucede; para ellos a pesar de la situación, su hijo está por encima de todo y de todos.

Tarcio estaba de lleno en la etapa de la omnipotencia juvenil. Al entrar a la universidad su sentimiento de omnipotencia se reafirmó, superó una gran barrera: el examen de ingreso. Y todo adolescente que se cree omnipotente empeora cuando tiene auto, porque su poder social aumenta.

Los padres de Tarcio vivieron en función de su hijo, y en esa familia fue mayor el amor generoso que el amor que enseña. Y ni siquiera existía el amor exigente.

Para Tarcio, sus padres eran un estorbo para su realización personal. La única exigencia que ellos le hacían era ir bien en la escuela, que no repitiera el año, ni llevara reportes, pero éstos no eran motivos suficientes para que Tarcio se sintiera poseedor de autonomía de comportamiento. Esas exigencias, para él, eran como si fuera todavía un niño que debía agradar a sus padres, y no como un adolescente con voluntad propia.

Los padres se sienten más débiles que su hijo, que se siente fuerte precisamente por la impotencia de ellos. Los padres no dicen nada a nadie sobre el asunto, por miedo de exponer a su hijo, y por vergüenza. El hijo está por encima de todo y de todos.

Una terapia podría ayudar a este chico si estuviera en la etapa de la tiranía. Pero cuando la situación escala y se convierte en un asedio moral familiar, además de la terapia, muy necesaria, se requiere adoptar una estrategia familiar de enfrentamiento.

En los tipos de asedio, quien asume esta actitud, se aprovecha del silencio de la víctima, así se siente protegido y estimulado a continuar, porque la víctima, además de no reaccionar, no comenta su situación con nadie.

Por eso, una de las formas más eficaces en que la víctima puede defenderse es hablar con los demás miembros de la familia, y contarles todo lo que sucede.

Al revelar el juego, por lo general, el que asedia se repliega, lo que significa que sólo crece si los demás se encogen, y no puede enfrentar a quien lo enfrenta. Se hace evidente, así, su cobardía y falta de ética.

Mientras los ánimos estén muy caldeados en casa, lo mejor sería que quien asedia duerma en casa de los abuelos. Los abuelos también tienen que hablar con él sobre su actitud.

Tarcio ya le había dicho a sus abuelos que sus padres lo estaban tratando muy mal y que pensaba salirse de casa.

Quien asedia, por lo general, no habla del asedio con nadie, y si lo hace, es para convencer a los demás de que la víctima es él mismo.

Negociación interrumpida

Orienté a los padres, y les dije que debían "revelar el juego" de Tarcio a sus abuelos. Dudaron antes de hacerlo; porque no querían exponer a su hijo a los "chismes". Con tal de protegerlo, soportaban todo. Los padres, aun siendo agredidos por el hijo, no podían dejar de protegerlo. ¿Pero cómo negociar con un hijo que no se preocupa en absoluto por sus padres, sino que, por el contrario, los agrede como si fueran sus enemigos mortales?

Quedó claro, para todos, cómo se estaba produciendo la negociación en ese juego. Tarcio podía hacer todo tipo de cosas contra sus padres, porque sabía que ellos no iban a reaccionar. Es decir, era un juego donde "sólo yo gano y ustedes pierden".

La no reacción de los padres hacía que la negociación vigente fuera: "Todo para mí, nada para ustedes". Pero una persona saludable no puede soportar una situación semejante en silencio.

¿Por qué la soportaban sus padres? Porque existía una recompensa no saludable: conservaban la imagen de su hijo ante los demás. Los padres, al no reaccionar, protegían la reputación de su hijo.

Al revelar el "juego de Tarcio" a los abuelos, lograron interrumpir algunos mecanismos que sostiene el asedio:
• Usar el silencio de la víctima para prolongar el asedio.
• La intención de los padres de hacer ver que su hijo es mejor de lo que es.
• Los padres asumen la responsabilidad por las acciones del hijo.
• Amor generoso de los padres mal enfocado.
• Fortalecimiento del sentimiento de impunidad de quien asedia.
• Romper el silencio, permite que los padres superen la sensación de desorientación e impotencia en la que se encuentran.

En el momento en que quien asedia se siente amenazado por el riesgo de perder el control de la situación, su actitud puede empeorar con el fin de asustar a sus padres para volver a someterlos.

Pero si descubre que su juego ya no surtirá efecto, tendrá que interrumpirlo. Entonces muestra toda su fragilidad, que estaba escondida detrás de su arrogancia, prepotencia y sensación de omnipotencia. Es el momento de empezar una psicoterapia para paliar los estragos que él mismo causó en su personalidad.

Negociación entre los padres y la generación polizonte

Por fin, el hijo termina su carrera. Ya tiene su título. Pero, ¿tiene trabajo?

Muchos siguen estudiando, para ser más competitivos a la hora de buscar una oportunidad laboral.

Mientras no consiga trabajo, ¿dónde se queda ese adulto joven? Es otra etapa que muchos están atravesando. Es la generación polizonte.

La generación polizonte tiene sus maletas hechas para el camino de la vida, y está lista para tomar la primera oportunidad de trabajo que le permita tener independencia económica. Y mientras espera, vive en casa de sus padres de manera transitoria: de allí el nombre de generación polizonte.

Hay varios tipos de polizontes: perezoso, explotador, agobiado y adaptado. Con cada uno se debe negociar de manera distinta. Véanse más detalles al respecto en el capítulo 6 de la parte 3: *El tercer parto.*

La mayoría de los polizontes cambia poco su manera de ser, y sigue teniendo un perfil juvenil. Pero hay polizontes que maduran y se adaptan mejor a la situación, lo que incluso puede mejorar sus oportunidades en el mercado laboral.

El amor maduro entre los padres y el hijo adulto

Se presenta cuando el hijo alcanza la autonomía de comportamiento y la independencia económica. Los padres y el hijo mantienen una excelente convivencia porque se quieren. Uno se preocupa por el otro, en una negociación en la que no se llevan cuentas de lo que se da ni de lo que se recibe, porque es un intercambio, es la práctica de la felicidad. Se interesa, aunque les cueste un poco de esfuerzo, en la felicidad del otro.

El amor maduro entre padres e hijos es la dedicación mutua, en donde el compañerismo adulto hace de todos compañeros y socios en la vida. En ese amor, la felicidad reside en la unión, en ayudar y recibir ayuda, partiendo de la base de un vínculo afectivo sólido.

El amor que retribuye entre los padres seniles y el hijo adulto

Hay personas que al envejecer conservan una lucidez envidiable. Pero no siempre es así: hay algunas que, mientras más seniles son, pierden capacidades, y dependen cada vez más otros.

Si tienen hijos, éstos se encargarán de cuidarlas. Cuanto más seniles sean, menos lograrán comunicar sus necesidades llegando, incluso a comportarse como bebés.

Si los padres fueron un buen apoyo para el hijo, y lo condujeron con acierto a través de las etapas del amor generoso, de las enseñanzas, de las exigencias y de los intercambios, ahora ese hijo estará en condiciones de retribuir lo recibido cuando sus padres más lo necesitan.

Es el amor que retribuye, la manifestación de gratitud hacia los padres, sin tomar en cuenta los esfuerzos ni los costos, sin exigir nada a cambio, ya que sin duda los padres merecen cuidados y amor.

Capítulo 4

Padres sin tiempo

El tiempo
se acaba y no se puede recuperar ni recargar,
está disponible y es generoso, pero cruel,
tiene prisa, es disperso y no se puede controlar,
es previsible e inexorable y no se puede guardar,
es leve, mas profundo en quienes se abrazan,
moroso y sufridor para los amantes distantes,
pesado y lento para los deprimidos,
inexistente para los misioneros,
valorado por unos
y desdeñado por otros...

Hay padres que, a pesar de tener tiempo,
no pueden dar "tiempo a sus hijos",
pero la mayoría de los padres "que no tienen tiempo para
nada"
si se esfuerzan encuentran un tiempo para sus hijos.

¡Nosotros hacemos nuestro tiempo!

Içami Tiba

El padre sin tiempo para jugar

Actualmente, los padres y las madres trabajan mucho y pasan la mayor parte del tiempo fuera de casa. Como no encuentran otra salida, sacrifican el tiempo que quisieran pasar al lado de sus hijos.

El padre lamenta tener tan poco tiempo, sabe que tiene la obligación de trabajar, y que realiza su trabajo por una buena causa.

Esa manera de pensar masculina se basa firmemente en la biología. El cerebro masculino enfrenta los problemas uno por uno. No puede pensar en varios problemas al mismo tiempo.

De acuerdo con la ley natural de selección de Darwin, los hombres perfeccionaron a tal punto sus habilidades como cazadores, que incluso hoy en día, cuando trabajan en su casa o en una oficina, muy lejos de las fieras jurásicas, parece que siguen cazando.

Todos somos descendientes de esos hombres que fueron más fuertes, astutos, inteligentes y adaptables que las fieras.

Gran parte del tiempo, nuestros ancestros cazaban o realizaban otras acciones de proveeduría, no se dedicaban a cuidar a los niños pequeños. Esta situación, ¿no se parece un poco a la de los hombres que sólo viven para su trabajo?

Hoy en día, el hombre es el responsable de sostener económicamente el hogar. Pero ya no lo hace solo, porque su compañera también sale a cazar. A veces, la caza que la mujer obtiene es incluso mayor que la de él. Pero aun así, él conserva rasgos machistas en el interior.

La evolución señala que los hijos son de la pareja. A pesar de la división de las funciones entre el hombre y la mujer en la convivencia con ellos, por tanto, ambos son responsables de su educación.

En tiempos recientes, los hombres empezaron tímidamente a asistir al parto de sus hijos, a querer cuidar de ellos, a salir con su hijo adolescente, pasándole el brazo sobre los hombros, dejando que el hijo lo abrace también. Además, el padre reivindica su derecho de seguir siendo padre, aun después de separarse de la madre, y los jueces conceden cada vez más la custodia compartida de los hijos.

Los hijos no son propiedad de ninguno de los padres. Los vínculos padre-hijos y madre-hijos deberían permanecer, porque los hijos siempre son hijos, aunque los padres dejen de ser cónyuges.

Felices de los padres que logran ser socios de sus hijos, en los negocios y en los deportes, pues viven cotidianamente en una armónica relación horizontal donde, para el padre, ser proveedor no significa ser más poderoso que el hijo, ni para el hijo depender de su padre significa ser inferior a él.

Hay algunas áreas e intereses que a los hijos no les gusta discutir con su madre, pero sobre los cuales quieren "intercambiar ideas" con su padre. Y también puede suceder que el hijo se muestre agresivo con el padre, porque resiente su ausencia.

La madre sin derecho de ser mujer

Las madres siempre supieron cuáles eran sus hijos. Pero los padres no: ese conocimiento se adquirió hace sólo doce mil años, cuando los grupos humanos se volvieron sedentarios y se desarrolló la agricultura.

La maternidad biológica no ha cambiado en los últimos milenios. El papel de la madre, sin embargo, ha evolucionado mucho, pero aún genera sufrimientos compensados, ocasionalmente, por alegrías.

La especie humana no nace lista y completa, como las tortugas. A los seres humanos les lleva mucho tiempo madurar y salir al mundo sin depender de sus padres. Si las madres no hubieran protegido a sus hijos, tal vez yo no estuviera escribiendo esto y usted no lo estaría leyendo, pues nuestra especie se habría extinguido.

Estoy seguro de que los bebés humanos deberían ser "carne muy tierna" para que las fieras se los comieran, inermes contra los ataques, inofensivos porque ni siquiera tenían dientes ni uñas para defenderse, presas fáciles porque se quedaban quietecitos y tal vez gritando, despertando así el apetito de las fieras hambrientas... Incluso hoy en día, se sabe que en África los leones que han probado la carne humana la buscan siempre que pueden, comen personas porque somos, naturalmente, más indefensas.

Es prácticamente imposible controlar a los niños todo el tiempo. Las madres empezaron a usar el diálogo para controlar a sus hijos. "¿Dónde estás?"; "¿Con quién estás?"; "¿Qué estás haciendo?"; "¿Ya comiste?"; "¿Ya hiciste la tarea?", son preguntas que los hijos están cansados de oír por que sus madres las plantean siempre, sea como fuere: en la casa y en la calle, personal o virtualmente. Mientras mamá platica con uno, cuida a otro, prepara la comida o responde su correo electrónico. Hasta podría, al mismo tiempo, responder el teléfono.

El cerebro femenino, por sus dos hemisferios interconectados, funciona como un pulpo, y cada uno de sus tentáculos es una actividad diferente. El masculino, en cambio, cuyos hemisferios están separados, funciona como una cobra: sólo puede hacer una cosa a la vez.

Una madre, por haber realizado históricamente tantas actividades simultáneas, sigue siendo tercamente polivalente. Es una complicada forma de omnipotencia y omnipresencia, que le cuesta mucho. Incluso si trabaja fuera de casa, se siente culpable por no estar con sus hijos.

Todos los hijos son siempre diferentes entre sí. A un hijo puede faltarle algo que a otro le sobra, desde agresividad, autoestima, disciplina, amigos, desempeño escolar, hasta religiosidad.

Un mismo hijo puede estar más o menos vulnerable según la etapa de desarrollo que esté atravesando.

Sea cual fuere el motivo de la ausencia, la madre siente, generalmente, culpa por no estar con sus hijos. Es una culpa jurásica de la madre, que es prácticamente independiente de los hijos. La madre cree que está fallando en la educación de sus hijos, por no estar presente.

Si la adolescencia es un segundo parto, un nacer para lo social en busca de una autonomía de comportamiento, puede hasta llegar a ser bueno que la madre tenga alguna actividad para que no quiera seguir lazando a su hijo adolescente con el cordón umbilical.

Tanto el padre como la madre necesitan encontrar una nueva forma de relacionarse con sus hijos, ya que tienen poco tiempo y muchas posibles actividades.

No es difícil optimizar con los jóvenes el tiempo de convivencia, pues ellos mismos no tienen tiempo de quedarse con sus padres. Es comprensible que prefieran estar con sus amigos, pues los hijos tienen que conformar su propia red social de relaciones.

Si para los padres es difícil estar presentes físicamente, pueden, además de dejar notas a sus hijos y hablarles por teléfono, aprovechar toda la tecnología actual que los chicos dominan, como mandar mensajes por el celular, usar el correo electrónico, Messenger, etcétera. Estar presentes no siempre tiene que ser algo que quite mucho tiempo que requiera una conversación elaborada. Lo más importante es que el padre y la madre acompañen a sus hijos, estén de su lado, los ayuden cuando lo necesitan (si lo piden, por supuesto), y quieran saber si reciben ese apoyo, no para cobrarlo, sino por el interés afectivo en compartir momentos que pueden ser decisivos en la vida de los hijos.

Una madre trabajadora atiende la llamada de su hijo

Cualquier hombre se asombraría de ver cómo funciona el cerebro de una mujer (que sea madre) durante el trabajo.

Ella organiza su espacio, pone flores y fotografías de sus hijos, tiene la mesa y los lugares limpios, sus artículos de maquillaje en el cajón, todo está en orden. Mientras se concentra en sus actividades, está atenta a los movimientos de quienes la rodean. Quizá no preste demasiada atención a las conversaciones laterales, pero sin duda es capaz de repetir todo lo que le contó su colega, también preocupada por los asuntos caseros y las actividades de sus hijos.

Muchas madres han vivido esta situación, o situaciones semejantes:

De pronto, suena su celular. La madre presiente que es su hijo. Responde. Ya sabe que se va a quejar de algo, que va a pedirle algo, etcétera. Un problema más que resolver.

—¿Qué pasa? ¿Se pelearon? —pregunta la madre al oír la queja del hijo menor. Y le ordena; —¡Pásamelo! —y regaña y pone un castigo al hijo mayor.

Después de colgar, le comenta a su amiga que no deja de trabajar mientras la escucha.

—Si no fuera por mí, no sé qué sería de esta familia —dice, como quien se está desahogando con alguien, pero en el fondo tiene la satisfacción íntima de haber resuelto un problema entre sus hijos.

Si los hijos no le hablaran por teléfono cada cierto tiempo, tal vez resolverían por sí mismos sus problemas. Al parecer, todo sucede como esa mamá afirma, pero vamos a consideremos algunos puntos:

• ¿De verdad será que el hijo mayor le pegó al más chico? ¿No será una mentira? Los hijos chicos lloran con facilidad y les encanta poner en aprietos a los mayores.

• ¿De verdad será que el hijo mayor cumplirá el castigo? Nadie está ahí para verificarlo.

• O a lo mejor, ahora sí que el grande le pegará al chico. ¡Quién le manda llamar a mamá!

Cada madre "conoce" a sus hijos. Uno puede necesitar un control mayor, otro un recordatorio de lo que debe hacer, y el tercero resolver perfectamente sus cosas solo. Hay muchas formas de ayudarlos, con llamadas telefónicas, notas colocadas en lugares estratégicos, todas de acuerdo con sus necesidades; lo esencial en este tipo de ayuda-control es hacer, por la noche, un recuento de las actividades del día.

En el caso de que un hijo no haya hecho su tarea, debe exigírsele que afronte las consecuencias previamente acordadas. Lo que ya se acordó es sencillo y debe hacerse. Perder privilegios es algo que hace a un hijo pensar dos veces antes de incumplir sus obligaciones.

Hay que señalar que la vida es dura, principalmente para quien es flojo. Si la madre tolera todo, el hijo está destinado en el futuro a ser una persona frágil, como un "tornillo de gelatina", y vivirá esperando que los demás sean tan tolerantes como su madre. Pero en la vida nadie es la madre de nadie, y mucho menos el jefe de una empresa transnacional.

Un padre trabajador atiende la llamada de su hijo

Desde la revolución industrial, el padre empezó a trabajar fuera de casa de manera regular, se iba y regresaba al hogar en horas fijas. Mientras estaba fuera de casa trabajaba y no debía ser molestado, la madre cuidaba de los hijos. Aunque se quedaran en casa, pocos eran los padres que se ocupaban de realizar este trabajo considerado "femenino".

El mundo ha cambiado mucho, pero la mentalidad paterna no tanto. Hay padres que aún sostienen la vieja idea de que los hijos molestan en el trabajo, como si estuvieran en una cacería jurásica. Otros padres son más accesibles y abren las puertas de su vida a los hijos.

Hay padres que han seguido de cerca la evolución social, observando el ejemplo de sus mujeres que salen a trabajar fuera de casa, mientras que, dentro de casa, comparten la tarea de cuidar a los hijos.

El padre sólo puede concentrarse en lo que tiene al frente, su visión es de "túnel", considera los hechos uno por uno, y para hacerlo debe aislarse del ruido y la confusión a su alrededor. Su lugar de trabajo, mesa o escritorio, puede estar desordenado, y no tiene fotografías de sus hijos, ni flores.

Responder a una llamada telefónica lo hace perder la concentración. No es raro ver a un padre que pasa por esta situación:

Un padre, concentrado en su trabajo, de pronto es sorprendido por una llamada telefónica. Mientras extiende la mano para contestar, piensa: "¿Quién me llama a esta hora?", y se sorprende cuando oye que es su hijo menor, lloriqueando al decirle que Fulanito le pegó.

—¿Qué cosa? ¿Te pegó? ¿Qué le hiciste?

—No le hice nada. Sólo cambié el canal de la tele y ya no pudo ver su programa…

—Óyeme bien. ¡No te pongas a llorar cuando me hablas! Dime, ¿alguien se murió? —pregunta el padre, molesto ya por haber sido interrumpido en su trabajo por una pelea entre sus hijos.

—¡No puede ser…!

—No, nadie se ha muerto —responde el chiquito, preocupado.

—Entonces, ¡háblale a tu mamá! —le ordena, y da por concluido el asunto, para seguir concentrado en el trabajo. Al llegar a casa, ni siquiera recuerda contarle a su esposa el episodio.

El padre funciona de manera muy diferente de la madre, porque resuelve los problemas uno por uno. Y lo que más le importa saber es quién empezó la pelea.

El razonamiento que subyace en la pregunta "¿Alguien se murió?", implica que el hombre va directo al grano. Es decir, el que le habló recibe el regaño. Si muere, nadie lo llama. También puede significar que nadie puede interrumpir al padre, a menos de que exista peligro de muerte.

Si nadie ha muerto, el problema no es importante, la madre lo puede resolver…

El padre sólo tiene un tentáculo, como si fuera una cobra.

Pero los padres, hoy en día, no se sienten bien cuando no responden las llamadas de sus hijos. El padre, como no puede resolver el asunto en ese momento, puede muy bien decirles que dejen de pelearse y que, cuando él vuelva a casa, entre todos resolverán el pleito civilizadamente.

Así, los hijos pondrían en practica algunas de las enseñanzas más importantes de la vida: el vez de resolver una cosa inmediatamente, aprenderían a tener paciencia, a saber esperar, a ser tolerantes y a vivir, de vez en cuando, en condiciones adversas.

El tiempo virtual

Los padres y los hijos adolescentes tienen que encontrar formas de comunicación más eficientes, actuales y placenteras.

¿Cómo se comunican entre sí los adolescentes cuando no pueden verse personalmente? Si está pensando en las citas o pláticas virtuales, está en lo cierto.

Un adolescente puede estar mucho tiempo en su cuarto, incluso encerrado con llave, pero rara vez está solo. Está "platicando" con sus amigos, conocidos y desconocidos, por las calles virtuales de Internet, ubicadas en ICQ, MSN, Orkut...

A todo los adolescentes les gusta recibir un "mensaje", como si fuera un telegrama de tiempos pasados, en su celular. Son mensajes cortos que leen en la pantalla en cualquier momento. El celular emite una alarma al recibir el mensaje.

Otra forma de estar en contacto, un poco más sofisticada, pero que funciona muy bien, es el correo electrónico. Se usa de la misma manera que un mensaje de celular, sólo que se envía a través de Internet y se lee en la computadora. El mensaje puede ser más largo, e incluir fotos y archivos gráficos. Ese sistema es utilizado con frecuencia y eficiencia por empresas transnacionales que trabajan de manera conjunta en tiempo real.

Lo interesante del correo electrónico es que, con una sola tecla, se puede enviar un mensaje a toda la familia; es decir, todos los familiares reciben en sus computadoras, donde quiera que estén, un único mensaje a un tiempo.

Así, las familias pueden beneficiarse, desde el punto de vista de la comunicación, gracias a estos avances tecnológicos, para mejorar la convivencia y estar mejor informados unos de otros, siguiendo de cerca lo que pasa en la vida y proyectos de los demás.

Ir con mamá o papá al trabajo

El hijo se queja amargamente de que su papá trabaja en la empresa familiar como "burro" durante la semana, y cuando llega el fin de semana no quiere hacer nada. Los hermanos del padre también trabajan allí, pero parece que descansa más, tienen tiempo de ir de aquí para allá, parece que el padre es el único que trabaja. Vive estresado, no tiene tiempo para su familia, y ni siquiera sabe nada de lo que le pasa a su hijo. Si éste trata de platicar con él, le dice que está cansado y le pide que "vaya directo al grano, y le diga rápido qué quiere". El hijo, aunque sepa que lo quiere mucho, se está alejando de su padre y acercando a sus amigos de la calle.

¿Qué puede hacer este y tantos otros padres que viven situaciones similares, para mejorar la calidad de vida de su familia y reconquistar a su hijo?

Queda claro que el padre se ha esclavizado al sistema porque no encuentra otra solución. Lo que no puede hacer es continuar en esa situación y sacrificar a su familia. Aunque él pueda soportarlo, ¿qué pasará con ella?

He atendido en consulta a muchos padres en estas condiciones, que ni siquiera tenían tiempo para atender su salud (médica, psíquica y social). El padre está consciente de que su familia se sofoca, y lo mismo le sucede a él. Pero no tiene tiempo para entrar a psicoterapia, ni dinero, ni disposición, ni convicción, ni nada. Si no logra detenerse, ni por una enfermedad, un día será la enfermedad la que lo detenga.

En general, un padre no acepta entrar a psicoterapia, pero sí atiende los consejos de un asesor de empresas. Sí cree, por tanto, en la consultoría familiar. Teniendo el diagnóstico del conflicto actual, se buscan soluciones viables y caminos más saludables para el bienestar de todos.

La consultoría familiar, por ser una propuesta de trabajo diferente de la psicoterapia familiar —con su método propio, sus metas bien definidas (que proporcionan soluciones prácticas), y su tiempo de duración preestablecido (cuatro semanas)—, es muy bien aceptada tanto por el padre como por el resto de la familia.

Después de varias consultas, una posible salida, fácil de poner en práctica, y que puede traer beneficios generales a todos, es que el hijo acompañe un día a su padre al trabajo. Ese día puede ser significativo, por ello, no importa que el hijo falte a la escuela.

Como si fuera una especie de asistente personal en diversos asuntos, el hijo acompaña a su padre a todos los sitios donde es posible, toma un café con él o almorzando con sus compañeros de trabajo.

Las actividades que impliquen salir a la calle, reuniones y pláticas con otros empleados o empresarios, son excelentes para que el hijo conozca más. Es muy importante que el padre escuche, como en una parada estratégica, las observaciones del hijo, y si tiene alguna posible sugerencia, así, el hijo ejercita su capacidad de observación y comunicación de lo observado. Es como enseñar a pensar en la práctica.

Muchas veces el hijo descubre algo que para el padre pasó totalmente inadvertido, el padre aprende así del hijo. Es difícil encontrar otra forma tan eficaz de elevar la autoestima del hijo, que la de caminar juntos, como compañeros y socios en la vida.

Después de esa experiencia, ambos tienen una gran fuente de conversación, aunque sea sobre el trabajo del padre. El padre puede hacer mención de asuntos interesantes o divertidos, relacionados con personas que el hijo ya conoce. Y el hijo, cuando piensa en su papá, tiene elementos para imaginar qué puede estar haciendo en ese momento. Ese día, así, puede llegar a ser la base de muchas conversaciones que aproximarán a los miembros de la familia entre sí. Es un vínculo afectivo que se hace real por medio de la conversación.

Eficacia de las paradas estratégicas

Algunas carreras de la Fórmula 1 se ganan no sólo gracias a los pilotos, sino al equipo que los atiende en sus paradas estratégicas, o *pit stops*. En la vida de un hijo, la eficiente atención durante sus paradas estratégicas hacen una diferencia en su autoestima, que es la que determina, en la práctica, si podrá ser o no una persona exitosa en la vida.

Las paradas estratégicas son los momentos en que un hijo pide algo a sus padres. Pueden llegar a ser muy educativas, cuando la rápida atención al hijo tiene como meta ayudarlo a volverse más independiente, autosuficiente y competente para enfrentar la carrera de la vida.

Un padre (un piloto), o una madre, que llega corriendo a casa (la base), para comer rápidamente, tiene que tener todo preparado por las personas que ayudan en casa (los mecánicos). Su vida se encuentra en un periodo muy productivo, y no puede darse el lujo de preparar la ensalada, hacer el arroz... Tiene que llegar, sentarse a comer y salir corriendo. Cada minuto vale oro.

El hijo está jugando y hace una parada estratégica con su padre o con su madre. Es importante que él o ella lo atienda a tiempo, dándole precisamente lo que necesita, ya que no se trata sólo de atenderlo, sino de educarlo.

El hijo (piloto) no tiene mucho tiempo disponible, necesita ser atendido pronto, para salir corriendo otra vez a jugar (a manejar), a irse a una fiesta, o a salir con sus amigos. La atención educativa puede darse a cualquier edad, y tiene que ser muy eficiente. Por tanto, deténgase, mire a su hijo a los ojos, escúchelo, piense en lo que será mejor para su formación, y respóndale.

En el *pit stop* educativo, es importante diferenciar entre lo que el hijo es capaz de hacer solo y aquello en lo que necesita ayuda. Y, si la necesitara, ver qué tipo de ayuda hay que darle. La petición puede ir desde alcanzar algo en lo alto, hasta prestarle el auto para que salga con un amigo que tiene licencia de manejo.

En el amor que enseña, el hijo tiene que aprender a base de paradas estratégicas. Hay que tener cuidado en ver que no pida, por resultarle más cómodo, cosas que ya está capacitado para hacer. El hecho de que pida algo no implica que los padres deben dárselo. En las paradas estratégicas educativas, los padres deben estar atentos a esa posibilidad, pues la educación se materializa en las acciones.

Las paradas estratégicas educativas son una cuestión de hábito, como hablar, mandar o comer. Para los padres que tienen poco tiempo, esa atención, organizada con eficiencia, será muy útil, pues los hijos que son bien atendidos hacen cada vez menos paradas estratégicas y no ponen pausa en cualquier lugar cuando necesitan combustible.

Los padres, cuando se detienen para atender a su hijo en un pit stop, *no pierden el tiempo. Realizan una inversión educativa en el proyecto "Quien ama, educa". Es el momento de preparar la tierra y plantar la semilla del futuro.*

Un hijo que ha sido bien educado; es decir, cuyo tanque está lleno de autoestima y capacidad, necesitará cada vez menos tiempo de sus padres para resolver sus necesidades, y toda la familia se beneficiará de una convivencia adecuada y saludable.

Para saber más sobre las paradas estratégicas, lea el apartado 8 del capítulo *Educación financiera*.

PARTE 3
ESTUDIO Y TRABAJO

Estudio y trabajo

La sociedad es un sistema dinámico complejo, conectado a otros,
    en el cual el ser humano es una célula
    que nace de otras células,
    que necesita de otras células,
    para reproducir muchas células…
    que desaparecen
    para que otras surjan…
    ¡el milagro de la vida!

    Sola, no aprendería todo lo que necesita; por lo tanto, estudia;
    y no podría sobrevivir en esa inmensa diversidad; por lo tanto, trabaja.

    El estudio es el alimento del alma.
    El trabajo, la dignidad del cuerpo.
    La creatividad, inteligencia en acción.
    La ética, el oxígeno de la conducta.
    La salud social, la esencia de la integración relacional.

Içami Tiba

Capítulo 1

Estudiar es esencial

En este mundo que camina con pasos de gigante,
no podemos caminar con pasos de enano.

Transformar la información en conocimiento

No le haga caso al adolescente que tiene en casa, si llega a contarle la versión posmoderna de la fábula de la cigarra y la hormiga, u
otras historias de personas que triunfaron sin necesidad de estudiar,
con la intención de justificar su falta de interés en las asignaturas.
Abordo la cuestión en el capítulo *El primer empleo*.

*El estudio no se negocia, ya que es importante no sólo para la capacitación
y formación profesional, sino para el beneficio y la calidad de vida de la
sociedad.*

Y más importante que sacar buenas calificaciones es aprender. Sacar altas calificaciones en una escuela que fomenta el aprendizaje
memorístico no sirve mucho a la vida futura. Acumular información
fue válido en la era de la información, actualmente, en la era del
conocimiento, se necesita más que eso.

El cerebro memoriza datos útiles, o porque tienen una fuerte
carga emocional, o por medio de la repetición. Nuestros cinco
órganos de los sentidos bombardean al cerebro con información a
cada instante.

Sería imposible que procesáramos toda la información que recibimos. En un abrir y cerrar de ojos "percibimos el mundo" alrededor de nosotros. La cantidad de informaciones es inmensa y, prácticamente imposible, hacer un recuento de ella.

Reflexionamos para aprender

Cuando reflexionamos en algo aprendemos. Reflexionar es un proceso natural para cualquier ser humano. No procesamos mentalmente todos los pensamientos. Cuando elegimos una información y trabajamos con ella, ponemos en práctica nuestros procesos mentales de aprendizaje.

Al estudiar, organizamos el aprendizaje, concentrando su contenido, relacionándolo, para no aprender datos aislados, como lo hacen los animales. Estudiar es captar las informaciones concentradas que representan todo el conocimiento que tanto tiempo le costó a un autor adquirir. Todo eso podemos aprenderlo en una clase, o en un libro.

Estudiar es esencial porque ganamos tiempo y disfrutamos de la comodidad que los inventores / descubridores y sus adaptadores /constructores /comunicadores han hecho posible. Estudiar es un gesto de sabiduría que consiste en aprehender los conocimientos de todas las personas que han participado, directa o indirectamente, en la construcción de nuestra civilización.

Se estudia para aprender, pues la persona que esté siempre dispuesta a aprender es quien sobrevivirá a las revoluciones del conocimiento. Quien cree que ya lo sabe todo y deja de aprender, será rebasado mañana por quien continuó aprendiendo.

Por eso tenemos que aprender siempre. Esa tendencia se conoce hoy en día como educación continua, una etapa de la que nadie se gradúa, porque es un aprendizaje que no termina.

Aprender es alimentar el ansia de saber.

Aprendemos para conocer

Los conocimientos son herramientas con muchos usos, son maleables y pueden sufrir adaptaciones, adecuaciones, modificaciones y transformaciones.

La información está compuesta por datos estáticos, que pueden encontrarse fácilmente en muchos sitios, basta saber cómo llegar a ellos.

Un adolescente puede tener la información de que la marihuana hace daño, pero seguirla fumando, puede acceder a los datos en cualquier libro sobre drogas en Internet, o en la escuela y, sin embargo, no la integra a su vida.

Es una información, que conoce, pero es estática, es como si estuviera contenida en un diccionario, sin intervenir en su vida.

Cuando usa la información para dejar de consumir marihuana, el adolescente la transforma en conocimiento.

Es un buen alumno el adolescente que construye dentro de sí los conocimientos con la información que recibe de los profesores en el salón de clases, o cuando lee libros pertinentes. Como dispone de más conocimientos que el resto de sus compañeros, puede encontrar una buena solución a un problema que nadie sabía cómo resolver. Así, está siendo creativo, y la creatividad es una de las cualidades más valoradas no solamente en un grupo, sino en toda la sociedad.

Por tanto, más importante que saber de memoria una gran cantidad de información es saber dónde buscarla, y aprender a usarla. Y lo más importante es ampliar constantemente los conocimientos, porque gracias a ellos nos hacemos más eficientes en este mundo tan competitivo.

De la misma forma en que un bebé nace en una familia, el adolescente nace en la sociedad, donde encuentra su identidad social. La biología lo prepara, dándole valor y adrenalina. El adolescente debe usar lo que tiene dentro de sí. Su principal recurso son los conocimientos que lleva en su interior.

De alumno mediocre a Premio Nobel de Física

Albert Einstein (1879-1955) sólo se destacaba en matemáticas y en física, pero no mostraba rasgos de genialidad en su escuela, donde lo consideraban un alumno mediocre. A los doce años empezó a interesarse por las matemáticas, estudiando álgebra y geometría con su tío Jacob. A los 26 años descubrió la Ley del Efecto Foto-eléctrico y ganó el Premio Nobel de Física de 1921. Más tarde, realizó uno de los descubrimientos más importantes en la física de principios de siglo: la Teoría General de la Relatividad, que revolucionó la ciencia.

A Einstein no le gustaban los "exámenes escolares", sino el álgebra avanzada, que aprendió con su tío Jacob. Lo que aprendió y desarrolló fueron las "pruebas de la vida".

Tener "buenas calificaciones" en los exámenes puede dar más oportunidades en la vida que tener "malas calificaciones" en ellos, pero eso no garantiza el éxito. Lo que garantiza el éxito es estudiar y aprender todo lo que sea posible sobre el tema de nuestra elección.

Para que Einstein lograra entender álgebra y geometría, antes tuvo que conocer la aritmética que aprendió en la escuela. Puede ser que la escuela enseñe muchas materias que una persona jamás utilizará, y que le enseñe poco sobre las cosas que más le interesan. Todavía no llegamos a un currículo pedagógico ideal.

Teóricamente, el currículo pedagógico ofrece una amplia base sobre la cual puede construirse cualquier profesión. Las profesiones y los campos de trabajo se han modificado, algunas ya no existen y otras están en vías de extinción, otras surgen y algunas más se están transformando.

Los estudios pueden ayudar en la formación y en la maduración de la personalidad a través de clases, lecturas, investigaciones, conferencias, talleres que abordan a diversos temas. Con una personalidad bien formada y preparada, el adulto joven podrá realizar las adaptaciones y adecuaciones necesarias para enfrentar un nuevo trabajo, o incluso una profesión que aún no existía cuando era estudiante.

Estudiar es construir el cuerpo del conocimiento

Estudiar no es memorizar para pasar exámenes y aprobar el año, sino adquirir información para transformarla en conocimientos, con los cuales enfrentar los exámenes de la vida. Los conocimientos mejoran la capacidad, la creatividad, el espíritu emprendedor, la ciudadanía y la ética.

Los conocimientos también forman parte de la capacidad, pues son recursos internos que pueden proporcionar recursos materiales, lo que da como resultado una mayor cantidad de ingresos económicos. Cuanto más tiempo y recursos sea necesario invertir para lograr algo, es menor la capacidad o competencia.

$$\text{Competencia} = \frac{\text{Resultado}}{\text{Tiempo invertido} + \text{Recursos usados}}$$

Una de las características de la madurez de una profesión es su creatividad. La creatividad es la libertad de jugar, reacomodar y desmontar los conocimientos adquiridos, dándoles nuevas funciones y significados. A cada nuevo instante, los conocimientos pueden reorganizarse y formar nuevas realidades, como en un caleidoscopio.

Una persona con iniciativa puede trabajar con mucho empeño, disciplina, valor, creatividad, y cuando presenta sus resultados, descubrir que la rueda ya había sido inventada desde hace mucho tiempo… ¡Ah, si lo hubiera sabido…!

Un adolescente puede pensar que al comprar drogas no está haciendo mal a nadie, porque no sabe que el dinero que pagó al traficante sirve para comprar armas y que éstas serán usadas para matar a sus competidores y asaltar a familias. Si lo supiera, tal vez no compraría más drogas, porque estaría alimentando el crimen que él mismo condena.

Los padres, aprendices de sus hijos

Mientras los padres disfrutan los DVDs, los hijos ya están grabando sus iPods, en los que caben nada menos que 6000 grabaciones de pistas musicales de cinco minutos cada una. Es decir, 500 horas seguidas de música, lo que equivale a veinte días ininterrumpidos de música. Y los cortes musicales pueden ser organizados por intérpretes, preferencias personales, grupos, etcétera. ¿Y qué tamaño tiene el ipod? El de una cajetilla de cigarros… Incluye cuatro bocinas, independientes del ipod, muy poderosas, del tamaño de una moneda de 4 centímetros de diámetro.

Cuando los padres se interesan en los ipods, los hijos les quieren explicar inmediatamente cómo funcionan. Cuando los padres no entienden, nunca deben fingir que sí lo hacen, ni desanimarse y regresarse rápidamente a los DVDs. La actitud progresiva es llegar a comprender ese terreno, aunque les pidan a sus hijos que les expliquen las veces necesarias.

Cuando los padres empiezan a entender, la familia adquiere un nuevo tema de conversación familiar. Se abren nuevos caminos en el cerebro, que agilizan las neuronas, activando sus sinapsis. Los padres aprenden lo que sus hijos sabían desde hacía mucho, los primeros rejuvenecen y los segundos maduran.

Además de que este flujo de energía saludable, que une a la familia, circula más libre y rápidamente, los padres "enseñaron" a sus hijos a compartir lo que saben. Esto también ayuda a los hijos a aprender lo que sus padres tanto quieren enseñarles.

Si los padres y los profesores son capaces de abrir su mente y volverse aprendices de sus hijos y alumnos, éstos aprenden que siempre puede saberse algo nuevo. Y esa lección que todos aprenden es hermosa.

Por lo general, la educación escolar tiene tres grados: la enseñanza elemental, la media y la superior, y después los posgrados. Hoy está de moda la educación continua, cuyo objetivo es aprender siempre. Es como oprimir la tecla de actualización, para reorganizar nuestros conocimientos con la integración de una nueva adquisición.

Cuando aprendemos a actualizarnos, dejamos atrás la soberbia, la sensación de saberlo todo, pues sabemos que siempre están surgiendo cosas nuevas, que nos pueden revelar un mundo que ni siquiera sabíamos que existía.

La integración entre lo "viejo" y lo "nuevo"

Es impresionante cómo un cerebro más "viejo" funciona. Cuando percibe una novedad, en lugar de investigarla trata de hacer lo mismo que hacía antes, reflejando una tendencia a la comodidad neurológica de buscar la seguridad del camino conocido. Ahora bien, si las condiciones sociales, comunicacionales, informáticas o económicas se fueran transformando, sería natural que el cerebro también buscara nuevas ramificaciones y no se quedara simplemente repitiendo mecanismos pasados. Es el momento de recibir una inyección de "sangre aventurera" de los jóvenes e intentar soluciones novedosas, aprender una nueva lengua, etcétera.

Es en ese momento que los padres pueden ganarse el respeto de sus hijos, cuya misma edad vuelve atrevidos. Los jóvenes, debido a su sentimiento de omnipotencia, siempre piensan que todo va a salir bien. Los "viejos", en cambio, siempre piensan que todo puede salir mal. Una familia puede llegar a unirse más cuando sus dos extremos logran aproximarse y nadie trata de imponer su opinión a los demás.

En la conjunción de la sabiduría del "viejo" y la osadía del "joven omnipotente", la familia puede descubrir la alegría y la aventura de la vida.

Todas las familias progresivas miran al futuro pensando en que su hijo conseguirá trabajo. Por ello, es necesario que sepa que hoy en día predomina en el mundo empresarial la visión de que el talento de la creatividad no es lo mismo que la genialidad innata. Por el contrario, el talento es algo que puede fomentarse y desarrollarse.

Ese proceso de desarrollar un talento se fomenta cada vez más, pues se considera como uno de los principales valores en el área del conocimiento, y a él se atribuye la posibilidad de conseguir ascensos y mejores salarios.

Sin duda alguna, la escuela tiene un papel importante en el desarrollo de las capacidades de los niños, adolescentes y jóvenes. Por desgracia, eso es algo que no siempre se toma en cuenta. Uno de los grandes problemas actuales de los padres es que sus hijos, sobre todo los adolescentes, ya no quieren aprender de la escuela. Ya ni siquiera les interesan tanto los títulos. Y los jóvenes sienten en carne propia ese cambio. Si hace diez años la gran mayoría de los titulados ya tenía trabajo, hoy en día esa misma gran mayoría está desempleada.

Actualmente, lograr la independencia económica es tan difícil para el joven, que me atrevería a decir que es como un tercer parto que tiene que atravesar para alcanzar la madurez.

El hijo, con su título en la mano, con las maletas listas, se queda como polizonte en la casa de sus padres, mientras realiza su propia educación continua, esperando y buscando su primera oportunidad de trabajo. Podemos decir que existe, incluso, una generación polizonte, y hablo de ella en otros capítulos del libro.

En la vida de los "viejos" existe una red de relaciones con personas que están en su misma situación. Hoy en día, la inmensa mayoría de los jóvenes consigue su primera entrevista de trabajo por medio de recomendaciones. Los currículos de los candidatos ya no son tan importantes para las empresas, y en muchos casos ni siquiera se analizan.

No se puede aprender sin respeto

Hay que tener conciencia de la necesidad de aprender. El aprendizaje no hace mal a nadie; por el contrario, su falta es muy perjudicial. Cuanto más se sabe, más hay que aprender.

Si un alumno no respeta el conocimiento de un profesor, tendrá una menor oportunidad de aprender que el que sí lo respeta, reconoce que no sabe y quiere aprender.

A la hora de aprender, el aprendiz está recibiendo como algo bueno las enseñanzas del maestro, que tiene una disponibilidad interna y una disposición externa para ayudarlo. La gratitud y el respeto deberían ser los sentimientos del aprendiz hacia el maestro.

Es impresionante observar cómo en las escuelas está disminuyendo cada vez más ese respeto al profesor; en muchas ocasiones, incluso, los alumnos se comportan como si fueran superiores a sus profesores. Es un reflejo de la falta de educación en casa. Son hijos que no respetan a sus padres, pues no fueran educados para respetarlos.

Los padres pierden la autoridad inherente a cualquier educador si:

- Temen traumatizar a sus hijos si les exigen el cumplimiento de sus obligaciones.
- Son perezosos, pues educar es muy difícil.
- Temen las reacciones irascibles, impulsivas e inadecuadas de sus hijos.
- No les imponen límites ni les exigen respeto.
- Delegan la educación formativa a la escuela.
- Son maleducados e irrespetuosos con sus empleados.
- Permiten que sus hijos dominen en casa, en perjuicio de todos.
- No respetan a sus empleados.

Esos hijos llevan a la escuela lo que aprenden en casa. Así, los alumnos no respetan a los profesores en clase, no cumplen con las reglas de la escuela y acaban practicando la delincuencia.

La escuela es la segunda etapa de la educación, y se centra en el desarrollo profesional.

Los padres, en vez de reconocer la importancia de la escuela para la educación de los hijos y reforzarla, acaban siendo cómplices de sus hijos delincuentes.

Un alumno tiene pocas posibilidades de aprender si no respeta su escuela y maltrata a sus profesores. No podrá ser un buen ciudadano el alumno que se siente superior a su profesor porque su papá tiene más dinero que él.

¿Cómo pueden los padres delegar en la escuela la educación personal de sus hijos? Los hijos son para la escuela transeúntes curriculares; para los padres, los hijos son para siempre.

Si un hijo ya transgrede las reglas de su casa, y no obedece las reglas de la escuela, ¿qué hará en el terreno profesional y social?

Ninguna "casa del saber" será tratada honorablemente si no logra transmitir a sus alumnos el respeto y la gratitud a sus profesores. Estos valores pueden provenir de casa, y son practicados en la escuela para ser transformados en un beneficio social.

Capítulo 2

Revisando las calificaciones

Los viajeros primitivos consultaban
las estrellas para orientarse en la noche.

Los pilotos consultan
los páneles de control del avión para supervisar el vuelo.

Los médicos analizan
los exámenes de laboratorio para valorar el tratamiento
de sus pacientes.

Los padres revisan las calificaciones escolares
para conocer los resultados de su inversión
en la educación de sus hijos.

Içami Tiba

La importancia de revisar las calificaciones

Es importante que los padres estén atentos a los exámenes, revisen las calificaciones escolares desde el principio del año y las comenten son su hijo. Las calificaciones son una referencia de la forma en que los hijos están aprovechando los estudios. Una parte de la vida es vigilar el cumplimiento de una obligación. El hijo tiene el poder de estudiar, y los resultados pueden ser mejores cuando los padres revisan las calificaciones.

Las buenas calificaciones no garantizan un buen futuro profesional, así como pésimas calificaciones no auguran un fracaso futuro. Pero la manera en que un hijo estudia refleja lo que podrá hacer en su vida. Estudios aburridos y malos profesores no se comparan con futuros jefes exigentes.

Ningún profesional puede ser bueno si no cumple con sus obligaciones y sepa atender bien a sus clientes (jefes, socios, compañeros, competidores, etcétera). Las obligaciones y los plazos no cumplidos acarrean la pérdida de empleos, contratos y concursos, entre otros.

Los padres que no supervisan las calificaciones corren el riesgo de ser sorprendidos por la noticia de que su hijo reprobó el año. La reprobación escolar generalmente refleja dos carencias: la del propio estudiante y la de sus padres, cuya inversión dio malos resultados.

Las posibilidades de pasar de año son mucho mayores que las de reprobarlo. Para ser aprobado es suficiente obtener calificaciones un poco más altas de la mitad del total solicitado.

Para no reprobar, existen también en Brasil otras oportunidades, como las R.O. (recuperaciones obligatorias) del segundo periodo, que se pueden aplicar en dos materias; y algunas escuelas tienen también las R.V. (recuperaciones de verano), etcétera. Reprobar significa fracasar en todo eso.

Lo más difícil y enojoso para los padres es la reacción indiferente del hijo ante el hecho de reprobar el año. Hasta parece que es algo que no le está pasando a él. Son los padres quienes se preocupan por la autoestima del hijo reprobado, por cómo va a sentirse junto a sus amigos aprobados, cómo lo verán ahora sus compañeros de clases, que serán más chicos que él, etcétera.

Todos esos sufrimientos y problemas podrían ser evitados con sólo prestar atención a la boleta de calificaciones. Es imposible que un hijo bien educado, normal, en una escuela promedio, no pueda salvar un año escolar que empezó mal.

¡La vida del estudiante es muy descansada! ... ¿Y la del trabajador?

La vida real no sólo no es fácil, sino que es muy dura. Las escuelas no están logrando proporcionar a sus alumnos una preparación sustancial para enfrentarse a esa fría realidad.

Algunos padres que ya han hecho, junto con sus hijos adolescentes, la cuenta de cuántos días lectivos se cursaron verdaderamente en un año, se sorprendieron con el resultado: aproximadamente 200 días. Un alumno promedio puede quedarse en casa casi 45 por ciento de los 365 días del año.

¿Existe algún profesionista que trabaje un promedio de 200 días al año y reciba el sueldo correspondiente a todo el año? Todo se complica si recordamos que, en Brasil, tres o cuatro meses de sueldo de un trabajador se emplean para pagar impuestos al gobierno.

Desafortunadamente, la boleta de calificaciones, a pesar de sus limitaciones, sigue siendo uno de los escasos medios de evaluar el desempeño de un estudiante. Por lo tanto, sin importar las explicaciones o disculpas de los hijos, no hay nada que justifique una baja calificación ni mucho menos reprobar el año.

Si alguien reprueba en la vida profesional, no puede presentar de nuevo el examen, ni nada por el estilo. Simplemente es hecho a un lado para que un competidor suyo tome su lugar. A nadie le preocupa su autoestima, ni cómo se sentirá en un nuevo empleo...

Puesto que la escuela no está dando los mejores resultados, cada familia tiene que encontrar los métodos más adecuados para desarrollar la personalidad de los hijos, y hacer de ellos ciudadanos capaces.

"Dejar todo para el último momento"

Si su hijo estudia nada más en el último momento, es decir, la víspera del examen, quiere decir que no estudió nada o casi nada durante el mes. Haciendo una analogía con un profesional, es como si trabajara solamente el día de pago.

El cerebro no puede transformar en conocimiento una gran cantidad de información de golpe. Tiene que absorber la información y asimilarla en el conjunto de sus conocimientos, a través del uso. Para que una nueva información sea absorbida, tiene que ser desmontada (masticada) en partes comprensibles (digeribles).

Puesto que la víspera del examen no hay suficiente tiempo para absorber tanta información, se adhiere al organismo por poco tiempo, hasta que se desechan por falta de uso. Es el mecanismo de acción del "memorizador", que estudia en el último minuto, la víspera del examen.

Es como si la fecha de caducidad del "memorizador" se extendiera hasta el momento del examen, cuando es necesario emplear la información. Después de ese momento, "se vence" la validez del producto, y el estudiante ya no recuerda lo que memorizó. Así, tiene que "engullir" de nuevo todo el libro. Por esa razón, los estudiantes "memorizadotes" se enojan tanto cuando el examen se pospone.

Los adeptos al "último momento" son personas que dejan todo hasta el final: salir de casa, pagar deudas, entregar trabajos, estudiar para el examen, entre otros. Empiezan su día arreglando el desorden que dejaron el día anterior.

La mayoría de esas personas administra muy mal su tiempo. Esa capacidad, como cualquier otra, puede y debe ser desarrollada para mejorar la capacidad organizativa, una de las múltiples actividades que puede llevar a cabo un ser humano.

Delegar y exigir

Cuando el maestro encarga una tarea en casa, debe exigirla al día siguiente. Si no lo hace, el adolescente no la hará: un adolescente necesita una retribución; favorable, si hizo la tarea, o desfavorable, si no la hizo. Una misma respuesta, tanto si el alumno hizo la tarea como si no la hizo, no subraya la diferencia que existe entre las dos conductas. Por lo tanto, es muy importante que padres y profesores exijan el cumplimiento de las tareas que dejan, y apliquen a los hijos o a los estudiantes las consecuencias de no hacerlas, previamente acordadas.

El adolescente necesita de alguien que le exija, para que aprenda después a exigirse a sí mismo. Después, aunque no haya nadie que le exija, él hace lo que debe hacer, ya que aprendió a exigirse a sí mismo. Uno de los grandes defectos de la educación actual es que no crea dentro de los jóvenes esa exigencia interna.

Para que un hijo empiece a interesarse en los estudios y tenga motivación para estudiar, el primer paso es que entienda la materia.

A muchos adolescentes no les gusta una materia porque simplemente no entienden nada de lo que el profesor dice.

Uno de los mejores recursos que descubrí para que los alumnos sigan una clase es la preparación mental que el profesor realiza en los alumnos, para que sus cerebros reciban el tema de ese día. Los profesores tradicionales preparan su clase, e independientemente de cómo estén los alumnos, la imparte. Pero el hecho de que los alumnos están sentados en sus bancas no significa que sus cerebros estén preparados para recibir la clase.

Si el profesor les preguntara a los alumnos: "¿Quién se acuerda de lo que vimos en la última clase?", los alumnos dirían: "¿Clase? ¿Qué clase?" "¿Cuándo?", etcétera. Pero, aunque les moleste, siempre hay alguno que sí se acuerda. Es el alumno que presta atención, independientemente de quién sea el profesor. Si un alumno dice una idea o una palabra clave, puede incluso obtener un punto.

Alrededor de esa palabra clave, los demás cerebros se organizan de inmediato y otros alumnos empiezan a recordar. Después de cinco palabras o ideas que logren recordar cinco alumnos diferentes, todos estarán listos para recibir la clase de ese día. Es una forma en que el profesor puede hacer que recapitulen lo que enseñó en la clase anterior.

Los padres delegan a sus hijos la tarea de estudiar. Por ello, deben de revisar la boleta de calificaciones.

Capítulo 3

Educación financiera

El ser humano necesita dinero para vivir.
Conseguir dinero es una cuestión de subsistencia.
Tener más dinero de lo necesario es un asunto de capacidad.
Hacer que el dinero rinda es cuestión de inversiones.

Pero…

Nadie es feliz por ser millonario.
Cuando una persona es feliz, es como si lo fuera.
Un infeliz es alguien que sufre por lo que no tiene.
Una persona feliz es la que sabe disfrutar lo que tiene.

Içami Tiba

Los nuevos paradigmas económicos

Dedico una atención especial a la educación financiera, pues creo que el mundo sería mejor si las personas estuvieran mejor preparadas desde el punto de vista de la economía.

Las clases pobres conocen las amarguras y los milagros de la sobrevivencia. Las clases medias viven en un sube y baja, que baja más de lo que sube. Los ricos y millonarios viven con el riesgo de perder todo lo que tienen.

Se dice que "el dinero tiene alas", esto es, que tenemos que "tratarlo bien", pues si no, vuela. El dinero se va naturalmente a las manos de quien lo sabe manejar. El dinero se escapa con facilidad del bolsillo, pero nadie vuelve a ponerlo, gratis, en nuestras carteras...

En las familias de antes, el padre era el responsable de llevar el dinero a casa, y la madre lo administraba. Ella era la encargada también de la crianza y educación de los hijos.

Con los nuevos paradigmas, tanto el padre como la madre aportan dinero a la casa, y la madre continúa con sus antiguas atribuciones en el hogar. Aunque el padre ya ayude más en casa y cambie los pañales al bebé, la madre sigue siendo la responsable principal de los hijos.

La fuerza física y la habilidad para cazar del hombre fueron sustituidas por la tecnología, principalmente por la computacional. Pero el teclado de la computadora fue conquistado también por la mujer.

La era de la información evolucionó y se convirtió en la era del conocimiento. Dado que el conocimiento no depende de la fuerza física, las mujeres compiten con los hombres por los mismos puestos de trabajo, que ellos ocupaban con más frecuencia anteriormente.

Aún no se enseña administración financiera en las escuelas, y las familias, aunque la necesiten mucho, no poseen esa capacidad. Pero siempre es tiempo de adquirir conocimientos que cambien nuestras vidas.

Escribí esta parte del libro con la finalidad de transmitir una información esencial para que cada lector pueda construir su propio sistema de administración financiera, y eduque a sus hijos para que tengan un mejor futuro tanto en calidad como en cantidad.

Quiero agregar, al dicho popular que afirma: "El que guarda siempre tiene", la frase: "El que invierte siempre tiene".

La ignorancia conduce a la pobreza y las tensiones

Hoy en día existe, en la mayoría de las familias, un extraño silencio sobre qué hacer con el dinero que se gana. Hay muchos preparativos sobre "cómo ganar dinero"; pero lo único que existía en materia de educación financiera eran consejos sobre el ahorro.

Así como siempre se ha dignificado el trabajo, ser rico era algo mal visto. A los ricos se les llamaba "tiburones", término que en portugués, según el *Diccionario Aurélio*, significa "industrial o comerciante ambicioso, que utiliza cualquier medio para aumentar sus ganancias, lo que ocasiona que el costo de la vida aumente". También he oído a muchas personas que dicen: "Soy pobre, pero honrado".

Ser pobre o rico no es algo que depende sólo de la suerte. En general, una persona es pobre cuando no puede ganar dinero o administrar bien lo que recibe. Muchos profesionistas ganan bien, pero no se hacen ricos por errores en su administración financiera.

"Las inversiones seguras están en la compra de bienes inmuebles." Basadas en esa máxima, muchas personas adquieren bienes inmuebles para proteger a su familia de los problemas económicos. Algunos colegas médicos compraron casa propia, casa de campo, casa en la playa, buenos autos, pero viven estresados porque tienen patrimonios pero tienen que trabajar cada vez más para cubrir los gastos que todo eso acarrea.

La intimidad con el dinero

Si hay personas ricas en el mundo, es porque supieron cómo administrar sus finanzas. Para quien todavía no tiene ese conocimiento, siempre es hora de aprender para que su dinero no se le escape de las manos.

Aquellos interesados en alfabetizarse financieramente pueden encontrar muchos libros de lectura sencilla y agradable en la bibliografía incluida en la parte final de la presente obra.

Para iniciar las pláticas en familia sobre educación financiera, es importante desbaratar el mito que afirma que los padres no deben de hablar de dinero con sus hijos. Sí deben hacerlo, y mucho. Pero hay que hablar de dinero tomando bien en cuenta cuál es su importancia para vivir bien, explicando lo bueno que es tener dinero, así como es bueno tener conocimientos.

Tanto el dinero como los conocimientos no poseen valor por sí mismos, sino por su valor de uso, y pueden ser buenos o malos de acuerdo con el perfil ético de las personas que los tienen; es decir, según sean usados para hacer el bien o para hacer el mal.

Cuando un hijo pequeño le pide dinero para comprar un juguete, un dulce, un muñequito, ya tiene una idea de lo que es comprar. Todo tiene un precio. El vendedor siempre toma el dinero que entra, y da el cambio más la mercancía solicitada. Ésa es una operación financiera que el hijo ya conoce. El paso siguiente es aprender más sobre el asunto.

Esa transferencia de dinero puede hacerse de manera automática con una simple mirada ante el hijo, o puede darse ostensiblemente. Los padres pueden hacer que su hijo se dé cuenta de esa primera lección: el dinero es algo que se da siempre.

El hijo, en esa edad, aprende por imitación. Si toma el cambio y lo entrega a su padre, es importante que éste lo cuente enfrente de su hijo, no por desconfianza, sino por el hecho de que contar dinero forma parte de la educación financiera para el resto de su vida. No debe haber enojo, exageración ni rigidez en esa operación, pues ésos son los factores emocionales que obstaculizan la educación financiera.

El valor del dinero

Cuando un hijo pide dinero a su padre para comprar algo sin que éste lo vea, es hora de transmitir también cuál es el valor del dinero.

Cualquier madre o padre pueden, en cualquier momento, contar el dinero que traen. Llame a su hijo pequeño para que le ayude a separar el dinero, haciendo pequeños montones con los billetes o monedas iguales. Todos quedarán contentos. Están jugando: aprendiendo. Si tienen tiempo, y el hijo quiere, puede llamar la atención sobre el valor de cada billete o moneda.

Actualmente existen juegos que usan dinero de juguete; entre ellos hay juegos de administración y operaciones financieras. ¿Cómo se puede aprender a manejar un carro sin saber las reglas de tránsito? Así se aprende con placer, con gusto.

Dar dinero a un hijo es darle poder. Debe enseñársele a usar bien el dinero, así como a "hacer bien las cuentas", es decir, que el dinero que se le dio tiene que regresar, bajo la forma de cambio más relación de gastos.

Cuando el hijo aprende a hacer cuentas en la escuela, podemos estimular su aprendizaje de la aritmética y las matemáticas con preguntas como: "¿Cuánto dinero necesitas para comprar un dulce?", o "¿Cuántos dulces puedes comprar con ese dinero?". Si él responde bien a esas preguntas, significa que tal vez tiene aptitudes para el raciocinio matemático. Si los padres lograran seguirle haciendo esas preguntas, sin que él se aburra, tal vez llegue a gustarle manejar dinero y rápidamente entienda el poder de compra que tiene.

La mesada

¿Su hijo ya aprendió a hacer cuentas? Es hora de ponerse de acuerdo con él para asignarle una mesada. Todo a su tiempo. ¿Cómo darle una mesada si no sabe todavía hacer cuentas? ¿Cómo hacer cuentas sin aprender que todo cuesta dinero? No se trata de que el hijo se convierta en un avaro o un ambicioso, sino de enseñarle las reglas financieras de la vida.

Por eso es importante hacer una lista de los gastos, porque de esa lista pueden surgir los artículos que se pueden incluir en la mesada. Todo lo que no sea esencial (CDs, helados, estampitas, revistas, boletos para fiestas, etcétera) debe estar incluido en la mesada. Son los gastos variables no obligatorios. Los gastos obligatorios fijos o variables, como los almuerzos hechos en la escuela, los libros didácticos, los gastos de transporte, no deben ser incluidos en la mesada.

El monto de la mesada debe ser establecido en función de lo que el hijo necesita y no de acuerdo con los ingresos de los padres.

La mesada organiza el flujo de dinero en casa, pues no se trata de que los padres den al hijo dinero cuando puedan, o que los hijos lo pidan siempre que lo necesiten. Forma parte del juego de la vida que los asalariados lo reciban cada mes, los trabajadores independientes lo reciban por servicios prestados, los empresarios lo reciban en forma de intereses obtenidos, y los inversionistas, en forma de intereses por sus inversiones.

La mayoría de los padres de los adolescentes de hoy se queja de la desorganización de sus hijos, y de su desorden. El manejo de la mesada puede ser una base importante para la organización financiera, como lo es el salario de los padres.

Es importante para todos que los padres sepan que los gastos realizados con la mesada deben supervisarse al principio, hasta que los hijos aprendan el uso correcto del dinero. Aunque la mesada pertenece al hijo, no por eso él puede hacer lo que quiera con ese dinero.

Si el niño gastara su dinero del almuerzo (gasto obligatorio variable) en estampitas (gasto no obligatorio variable), estaría realizando una mala administración financiera. Sería gastar en cosas superfluas, desde niño, el dinero reservado a lo esencial, como un adulto que gasta el dinero de la renta de su casa bebiendo cervezas.

Un ejemplo de ese poder inadecuado sobre el dinero es cuando el adolescente gasta su mesada para comprar drogas. No importa que el dinero sea de su hijo: con él no debe alimentar la red ilegal, destructiva y sin ética del tráfico de drogas. Debemos recordar que la mesada tiene una finalidad educativa.

Diez grandes lecciones de las mesadas pequeñas

Todavía no se acaba el mes, pero la mesada ya se acabó. ¿Qué hacer? ¿Qué pueden enseñar los padres? ¿Y cómo hacerlo?

"Hay que aprender a comer con los ojos", dice un refrán popular. Es necesario que los padres eduquen a sus hijos para que aprendan a administrar eficientemente sus mesadas.

Las siguientes lecciones pueden aplicarse también a aquellos que tengan el dinero contado para sus gastos mensuales, principalmente quienes administran las compras en casa.

•Primera lección: Es mucho más fácil gastar el dinero que recibirlo.

En una economía capitalista, quien acumula dinero es un triunfador, porque es mucho más fácil dejar que el dinero escape que administrarlo bien.

La tendencia natural es gastar más de lo que se puede, porque sentimos más necesidades y deseos que el dinero del que efectivamente disponemos. El dinero otorga un poder material, pero también lo limita, según la cantidad que se tenga.

Si un niño fuera educado sin límites, siempre va a creer que puede comprar todo, porque su madre o su padre siempre tienen dinero en la cartera. Lo que más le importa es el objeto que desea, y no le interesa saber cómo llegó el dinero al bolsillo de sus padres. Así, el límite de gastos del niño no existe de manera natural. Es un conocimiento que se va formando en su interior.

En la adolescencia, surge el uso de los cheques y de las tarjetas de crédito. Los jóvenes aprenden a emplear esos instrumentos, pero no tienen una clara conciencia de sus gastos. Es lo mismo hacer un cheque por 200 pesos que uno por 2 000 pesos. El proceso de pago es el mismo en cualquier cantidad. Sería distinto si el adolescente tuviera que pagar con billetes de veinte pesos. Es muy educativo que el adolescente vea cómo sale tanto dinero de su bolsillo, cuando tantas veces tiene que estar contando las monedas...

Por lo tanto, es muy importante y educativo que los proveedores establezcan un límite para la mesada. Para aquellos que gastan sin control, la mesada no debe aumentarse sin más. Debe enseñárseles a controlar mejor sus gastos.

•Segunda lección: El dinero impone un límite a la voluntad.

El dinero establece un límite cuantitativo a la voluntad, y así ésta se educa, ya que no se puede comprar todo lo que uno quiere.

Cuando se toma un camino, se deja de tomar otro. La felicidad es no llorar por el camino que no se tomó, sino disfrutar del camino elegido. Todo gasto es un camino.

Cuanto más conocimientos tenga una persona, más serán sus frustraciones. Entre un CD, un libro y un boleto para entrar a un espectáculo, lo que establece el límite de la compra es el dinero, si las tres cosas tuvieran la misma prioridad. Si se compra una, se pierde el poder de compra de las otras dos.

Hay personas que ni siquiera disfrutan lo que compran, pues sufren por lo que dejaron de comprar. Eso sí que es desperdiciar la mesada. Como no quedan satisfechos con lo que compraron, inmediatamente quieren comprar otra cosa.

¡Así no hay mesada que alcance!

•Tercera lección: El dinero puede causar más frustración que felicidad.

El dinero nos impone frustraciones. Por cada objeto que compramos hay muchos otros que dejamos de comprar. Para obtener una satisfacción, generamos insatisfacciones. Sólo en medio de muchos competidores puede surgir un campeón. Todos quieren ser campeones.

Una voluntad vencedora es aquella que se impone sobre otros deseos. Siempre que realizamos un deseo, otros deseos pierden. Aprendiendo a enfrentar esas frustraciones, llegaremos a la sabiduría de no ceder ante los caprichos de los innumerables deseos perdedores.

El aprendizaje financiero saludable consiste en poder ser feliz con lo poco que tenemos, pues la felicidad reside dentro de nosotros, y la proyectamos donde queremos. La felicidad se inicia en nuestro poder de elección.

•Cuarta lección: La mesada establece prioridades entre lo esencial y lo superfluo.

Cuando ya se han establecido los límites y las prioridades de la mesada, si sobrara algo, puede destinarse a cosas superfluas.

Antes de gastar en cualquier cosa, vale la pena hacerse tres preguntas: "¿Lo necesito realmente?; ¿Para qué?; ¿Lo tengo que comprar en este momento?"

Si las hacemos, tal vez muchas de las compras superfluas serían descartadas a tiempo. La magia de la publicidad es transformar productos superfluos en esenciales.

La sabiduría de la administración financiera restablece el carácter superfluo a esos objetos "esenciales". Quienes se administran bien y atienden sus necesidades esenciales, pueden permitirse algunos gastos superfluos. Pero quienes viven para lo superfluo, no podrán atender sus necesidades esenciales.

•Quinta lección: No siempre lo esencial es tan caro como lo superfluo.

Nadie es lo suficientemente rico como para comprar nada más cosas superfluas. En todos los niveles, es más fácil gastar que recibir, incluso entre los millonarios, porque los gastos superfluos de los millonarios tienen precios asombrosos.

No saber distinguir lo superfluo de lo esencial es no saber vivir. Pueden surgir grandes conflictos entre las personas que conviven juntas por no poder establecer una distinción entre lo esencial y lo superfluo.

Maslow diseñó la pirámide de las necesidades usando como base las necesidades fisiológicas que, una vez satisfechas, dan lugar al segundo estrato, las necesidades de seguridad, y así sucesivamente se llega al estrato de las necesidades sociales y a las necesidades de autoestima, hasta llegar a la parte superior, donde se encuentran las necesidades de autodesarrollo.

Mientras mayor sea el grado de saciedad de sus necesidades que alcance una persona, más clara será para ella la distinción entre lo esencial y lo superfluo. Para un hijo que no sabe de prioridades entre una necesidad y otras, la compra de un juguete que todavía no tiene puede parecerle algo indispensable. Pero no cabe duda: tiene que aprender que, si no come, no puede jugar...

Para la educación financiera, la compra de un artículo que no se usa, que no se disfruta, que no se intercambia, es un desperdicio. Y el desperdicio es siempre muy caro, pues es dinero que tiramos a la basura.

•Sexta lección: No se debe gastar lo que todavía no se gana.

Hay varios hábitos, recursos y maneras usados por los hijos que se acaban la mesada antes de tiempo. Hacen vales, piden prestado a sus amigos, a sus abuelos les piden préstamos con intereses. Así, su mesada del mes siguiente se hará más pequeña. Si con una mesada completa tuvieron un saldo negativo, ¿qué pasará con mesadas menores? Esos hijos se están arruinando.

En su libro El alquimista, *el escritor Paulo Coelho narra cómo el héroe, el pastor Santiago, intenta negociar con Melchizedek, rey de Salem. Santiago promete que le pagará 10 por ciento del tesoro que pretende descubrir. Melchizedek le responde que si quiere gastar parte del dinero que todavía no tiene, perderá el deseo de trabajar para conseguirlo.*

•Séptima lección: La frustración y el sufrimiento nos enseñan a tener límites.

De poco sirve aumentar la mesada de un hijo si éste no aprende a administrar sus finanzas. Hay adultos que, mientras más ganan, más se endeudan. Siempre que sus gastos son mayores que sus ingresos, se angustian y se llenan de tensión, y terminan por querer aumentar sus ingresos, en vez de administrar sus gastos.

Si la mesada tiene un límite, acordado por quien la da y quien la recibe, es porque ese límite debe respetarse. Puesto que gastó más de lo debido, tiene que revisar por dónde se le escapó el dinero, para que ese hueco se corrija. Aumentar la mesada y reponer ese dinero, además de no ser educativo, puede hacer más grande ese hueco.

El hijo puede darse cuenta de que, cuando compró ese CD que tanto quería en una tienda de lujo, pagó más de lo que le hubiera costado en otra tienda. Por esa ansiedad de saciar su deseo perdió la cabeza, acabó gastando más de lo que podía y se quedó con menos dinero para saciar otros deseos.

•Octava lección: Inventar una manera de aumentar los ingresos (la mesada).

Nada impide que el hijo invente medios de aumentar su mesada por medio de un trabajo extra que no perjudique sus estudios. Un ingreso extra por ayudar a alguien, fijando previamente la cantidad que recibirá por ello y la duración de la ayuda, es un medio de incrementar su mesada. Ese acuerdo interpersonal ayuda a construir el conocimiento necesario para hacer pequeñas negociaciones que servirán de base para futuras grandes operaciones financieras.

Hay muchas formas de ganar dinero extra. Recoger materiales reciclables, periódicos, revistas, y encontrar un comprador. Ofrecer servicios de internet y comunicación, si le interesan esos campos. Es necesario que el adolescente observe quiénes necesitan ayuda, o se esfuerce para hacer lo que otros no hacen, y aumentar así sus ingresos.

Todos esos esfuerzos construyen un campo de conocimiento que no existe en los libros, y no puede ser transmitido por ningún profesor, pues proviene de la experiencia directa de haber trabajado. Se adquiere en los hechos, es el entendimiento teórico de su práctica. Ese conocimiento pertenece al que lo construye. Así se forma el espíritu emprendedor.

•Novena lección: Todo se transforma en dinero que se transforma en todo, menos los valores no materiales.

Lavoisier tenía mucha razón cuando afirmó, basado en los conocimientos vigentes en su época, que: "En la naturaleza, nada se crea, nada se pierde, todo se transforma". En la primera explicación que los padres den a sus hijos sobre la mesada, podrían decirles: "En la mesada, nada se crea, nada se pierde, todo se transforma".

Nada se crea significa que la cantidad es la que se establece previamente, y que no crecerá por sí misma; si hubiera gastos de más, no va a alcanzar. Nada se pierde significa que el dinero no desaparece simplemente en el aire, sino que se usa en algo. Para descubrir en qué, hay que rastrearlo. Todo se transforma significa que el trabajo del padre se transforma en dinero que se transforma en mesada que se transforma en un CD.

El mejor aprendizaje es aquel donde el hijo comprende que todo puede transformarse en dinero y que el dinero puede transformarse en todo lo que es material, pero es bueno que también comprenda que hay cosas valiosas que el dinero no puede comprar.

•Décima lección: Para alcanzar el éxito, es esencial la planeación.

La falta de planeación de los gastos es fácilmente perceptible si la mesada es pequeña. Se realizan compras por impulso, no planeadas, que echan por tierra cualquier presupuesto.

Un hijo pequeño necesita una mochila. La madre, o el padre, van con él a una tienda y le piden que elija una mochila. El hijo elige una que es bonita, llena de compartimentos y cierres multiuso. La madre le explica que la mochila es demasiado grande para él. El hijo hace un berrinche. Vergüenza pública. La madre, avergonzada y furiosa, compra la mochila para salir lo más rápidamente posible de la tienda. El hijo sale feliz, con una mochila de adolescente. Si esa madre hubiera especificado previamente entre cuáles mochilas el hijo podría escoger, probablemente la compra hubiera sido adecuada.

El hijo necesita saber que su madre tiene un límite de gastos. Ese conocimiento cambiaría su conducta en la tienda. Lo primero que haría entonces sería preguntarle si podría o no comprar esa mochila.

En las primeras mesadas, es posible que el hijo se gaste todo en la primera semana. La consecuencia natural es que tenga que pasarse el resto del mes sin dinero, es decir, su voluntad descontroladamente satisfecha le costará un mes de sacrificio. Es una excelente oportunidad para aprender a dividir la mesada en semanas.

También forma parte de la planeación no hacer compras mayores al monto de la mesada. Para ello, tendrá que ahorrar durante un buen tiempo hasta reunir la cantidad que necesita. Mientras espera, puede hacer una investigación de precios, fijándose para ver si acaso lo que tanto desea está en oferta en algún sitio.

Los gastos impulsivos

Los niños y adolescentes son muy impulsivos. Tal vez sean así por inmaduros, sin malas intenciones. Sólo la madurez los hace más prudentes, haciendo que evalúen de manera integral sus compras. Los padres no deberían de contagiarse del ritmo de sus hijos, sino impulsarlos para que adquieran una madurez financiera.

Además, la impulsividad y la ansiedad son características indeseables en la educación financiera. Y esas son las características que los vendedores tratan de fomentar en los compradores, usando palabras que éstos quieren oír,

prometiéndoles que realizarán su sueño, despertando en ellos el deseo de posesión y alimentando su vanidad y su poder.

Sentarse con calma y hacer la planeación de los gastos del mes en un cuaderno hace que el adolescente refrene un poco su impulsividad y su ansiedad.

Arreglos y acuerdos

Es necesario recordar siempre a los hijos que lo que fue acordado por ambas partes tiene que ser respetado. No sirve de nada quejarse de acuerdos que ya fueron tomados. Las negociaciones anteceden a la firma de un contrato.

Todo contrato tiene que ser obedecido racionalmente, y no pueden cambiarlo las justificaciones ni las emociones. Las familias pueden perder sus casas, las empresas tener que cerrar, los artistas dejar de presentar sus funciones, los choferes sus automóviles, si así estuviera especificado en el contrato.

El hijo necesita aprender la importancia de los contratos en su vida. La mesada es una combinación en la cual, por una parte, el hijo se compromete a organizarse financieramente, y por la otra, los padres se comprometen a darle el dinero establecido en el tiempo acordado.

Vale la pena señalar que no existe un solo método para tener una buena educación financiera familiar. Cada familia es diferente, pues está formada por seres humanos únicos. Como los resultados de la educación surgen cotidianamente en el seno de cada familia, la misma tiene la oportunidad de tomar las medidas que juzgue adecuadas para corregir lo que perciba como un error.

Los errores forman parte del juego de la vida. No existe la seguridad de tener razón siempre. Cada día podemos empezar una nueva historia, porque el futuro aún no está completamente escrito.

Capítulo 4

El desarrollo del rendimiento profesional

*La pastura de un caballo pura sangre cuesta lo mismo
que la de un jamelgo… ¡Lo que los diferencia
es su rendimiento!*

La relación costo-beneficio

El gran sueño de cualquier joven es conseguir su independencia financiera, para poder hacer lo que quiera, gozando de su autonomía de comportamiento.

Ese sueño es un sueño imposible, por dos razones:

- No podría hacer todo lo que quisiera, aunque tuviese dinero.
- Ganará todo cuanto quiera, pero sólo después de muchos años de trabajo.

El hijo aprende el juego de la vida a través del trabajo. Todo juego tiene sus reglas, y él tiene que conocer las reglas de la sobrevivencia. La primera regla es la relación costo-beneficio.

Si el hijo no ha logrado aprender esto todavía, ya no puede continuar desconociendo esa regla. En el momento de conocerla y aplicarla verdaderamente, habrá dado el primer gran paso para administrar su vida financieramente.

Un empleado evalúa el trabajo que hace y calcula si el salario que recibe es justo. Debe haber un equilibrio relativo entre lo que hace (su trabajo) y lo que recibe (su salario). Lo que él realiza es su "costo", y lo que recibe es su "beneficio". Si trabajara mucho y recibiera poco, entonces está teniendo pérdidas.

Un patrón piensa diferente. Su costo es el salario que está pagando, y su beneficio es la respectiva producción. Si el empleado trabajara poco y recibiera mucho, él se verá perjudicado, o tendrá ganancia si el empleado trabajara mucho y recibiera poco.

Si ambos, patrón y empleado, quisieran tener ganancias solamente, uno estará explotando al otro, y viceversa. Es el sistema "gana-pierde". Para que ese intercambio sea justo y ético, es necesario que el fiel de la balanza esté bien equilibrado. Es el "gana-gana".

Es importante que el hijo (empleado) tenga por lo menos una idea de todo lo que su trabajo rinde o vale para su patrón.

Para hacer un trabajo de un caballo pura sangre, es esencial no limitarse nada más a sus funciones. Si usted puede, haga más de lo que su patrón le pida. Sea integral y no parcial.

Es bueno que los padres digan a su hijo que se dé cuenta de quién es, en un empleo, el jamelgo, es decir, el empleado que siempre se queja con sus compañeros, diciendo que "a él no le pagan para hacer eso", y no hace lo que el patrón le pide. Es el típico empleado retrógrado, que sigue el esquema de "pierde-pierde".

Los cursos de actualización, o diplomados, y el empleo

Los cursos de actualización o los diplomados son actividades en donde el foco principal es el aprendizaje práctico de un oficio. En general, es un periodo transitorio necesario para adquirir experiencia profesional.

Cualquier función (papel, actividad, profesión...) está bien desarrollada si en ella somos productivos, espontáneos y creativos. Según Jacob L. Moreno, creador del psicodrama, para alcanzar esa madurez, la función pasa por tres etapas: aprendizaje de la función, desempeño de la función, y desarrollo creativo de la función. En inglés: *role-taking*, *role-playing* y *role-creating*.

El aprendizaje de la función del papel de médico es el estudio de la medicina; el desempeño de la función es el curso de actualización, y el desarrollo creativo de la función es la atención de sus pacientes. En ese momento, gracias a la práctica y a sus estudios más especializados, el médico puede tratar enfermedades inusuales, tratar enfermedades crónicas con nuevos recursos, descubrir tratamientos para enfermedades antes incurables, etcétera.

Cuando un joven empieza a trabajar, lo primero que necesita es aprender sobre su oficio. El aprendizaje de la función (*role-taking*) es adquirir los conocimientos necesarios para ejercer un oficio, ya sea estudiando, observando y oyendo la explicación de un supervisor. Se trata de asumir psicológicamente la responsabilidad de trabajar en ese oficio. Es tener una idea de qué, cómo, cuándo y por qué hacer lo que tiene que hacer para cumplir con su papel.

Se ha convenido dar el nombre de diplomado al aprendizaje práctico de un trabajo, supervisado o no. El aprendizaje práctico es el objetivo del diplomado. Así, cuanto más compleja sea la profesión, mayor es la necesidad de los cursos de actualización.

Cuando un pastor enseñaba a su hijo a cuidar sus ovejas, el hijo aprendía al ver cómo su padre lo hacía, oyendo sus explicaciones y preguntando lo que no sabía. Entonces el hijo empezaba a realizar las tareas más fáciles, hasta llegar a pastorear todo el rebaño solo. El hijo podría considerarse un pastor cuando supiera pastorear, criar, ordeñar, trasquilar y vender sus ovejas, o sea, convertirse en un profesional del pastoreo que ganara lo suficiente para sustentar a su familia.

Cuando un padre quiere dar como herencia a su hijo su pequeño negocio profesional, generalmente le enseña el oficio, en una especie de curso para ser pastor. Pero cuando el negocio es grande y tiene muchos sectores, es difícil que el padre pueda ser el propio supervisor. Entonces, el hijo empieza a tomar diversos "cursos" en varios sectores del negocio.

Por medio de estos cursos en todos los sectores de una empresa, el hijo aprendiz desarrolla su propia capacidad esencial, y algunas laterales, para lograr desempeñarse con eficiencia en el trabajo de su padre. El gran sueño de los padres e hijos, es que éstos hereden con dignidad y capacidad, y continúen proporcionando a las empresas paternas más progreso y expansión.

Alumnos progresivos y alumnos retrógrados

El **alumno progresivo** se interesa por todo. Como sabe que está de paso en el curso, quiere aprender lo máximo posible. Muestra un espíritu emprendedor que lo acompaña en todas sus actividades. Se gana fácilmente el respeto de los demás empleados que son sus compañeros.

El alumno retrógrado, en cambio, muestra una tendencia a la autodenigración o, por el contrario, a querer pasarse de listo, y querer recibir su salario sin hacer el más mínimo esfuerzo. A menudo falta o llega tarde, quiere salir antes de tiempo, siempre tiene justificaciones para todo, y culpa a los demás por sus propios errores. Desde el principio del curso, nadie lo respeta. Generalmente no asciende en su trabajo por mérito propio. Pero cuando tiene un puesto con alguna responsabilidad, el sector a su cargo no funciona.

Para el alumno progresivo, el tiempo pasa rápido y antes de terminar la clase ya tiene pensado lo que tiene que hacer para el día siguiente. El alumno retrógrado mira constantemente el reloj, se aburre, y apenas sale del trabajo "se desconecta".

La competencia

La competencia es la capacidad de producir, de resolver problemas y de alcanzar los objetivos planteados. Eugenio Mussak, médico y asesor de empresas, afirma que la competencia se puede medir tomando en cuenta el tiempo invertido más los recursos empleados para lograr algo. Eso significa que cuanto más tiempo y recursos invierte un empleado para alcanzar un objetivo, menos competente muestra ser.

Durante la vida escolar, la competencia se mide en términos de aprobación de los exámenes. La familia no educa en términos de competencia, pues no se exige prácticamente nada de los hijos. Pero los padres tienen a su alcance varias formas de medir la capacidad de sus hijos en la vida escolar. Cuanto menos tiempo emplee para estudiar y menos recursos y gatos sean necesarios para aprender, más competente será el alumno.

La generación actual de estudiantes ha demostrado tener una escasa competencia, pues sus padres gastan muchos recursos para que ellos aprueben, y los hijos emplean mucho tiempo para aprender poco.

Cuando los padres pagan maestros particulares, además del tiempo que se invierte están gastando dinero. Y eso representa tener que estudiar en vacaciones para ponerse al corriente.

Repetir el año escolar, tomar cursos de recuperación y pedir la ayuda de profesores particulares es algo a lo que no se da demasiada importancia. Pero no hay dinero que reponga unas vacaciones frustradas, el placer de la convivencia familiar, el sueño de los padres de desconectarse por un tiempo del trabajo, y los hijos de la escuela, liberarse del tránsito, de la contaminación, de la inseguridad, del ruido de la gran ciudad.

En un trabajo, tanto el tiempo como los recursos se controlan, pues no existe la benevolencia familiar. Hay pocos patrones que se preocupen por lo que les pasa a sus trabajadores. Hoy, los patrones se inclinan a tratar bien a sus empleados y a sus familias, pero ninguno de ellos mantiene a un empleado incompetente.

Un empleado es contratado por su competencia o capacidad esencial; es decir, por el oficio que es capaz de realizar. Pero el empleado que más hace progresar a la empresa es aquel que tiene también competencias o capacidades transversales, que son como los afluentes de un río que desembocan en la corriente principal. Las personas que "tienen éxito en la vida" son las que poseen capacidades tanto esenciales como transversales.

Por más competente que sea una persona, es necesario también que esté ligada a los valores superiores, no materiales, como disciplina, gratitud, religiosidad, civilidad. La historia nos habla de líderes que, por falta de ética, han destruido pueblos y países enteros. Y la ética determina el progreso o el retroceso de la humanidad.

El compromiso

Una de las grandes transformaciones entre el pasado (aunque sea reciente) y el presente es la velocidad a la que todo sucede. La televisión, la información, demasiados deseos y pocas realizaciones, exigencias, plazos, compromisos.

Todo se acumula en el cerebro, ocasiona taquicardia, pero no llega a los estratos más profundos, que son los del compromiso personal.

Por la educación familiar, los padres tienen un mayor compromiso con sus hijos, que a la inversa. Así, basta con oír una petición de los hijos para que los padres se sientan comprometidos a concederla. Con la escuela, el compromiso de los alumnos es más "pasar de año" que aprender.

De esta forma, nuestro joven se va desarrollando con un escaso compromiso en relación con sus obligaciones. Esto no quiere decir que no conozca el valor del compromiso, pues lo reconoce en su relación con sus amigos, con su novia, con su deseo de viajar, etcétera. O sea, que se compromete sólo con lo que le interesa o le da placer.

El compromiso con su familia puede crecer día con día, desde la más tierna infancia, cuando el niño guarda y cuida sus juguetes, hasta la adolescencia, cuando tiene la responsabilidad de cuidar de una parte de la casa, sin que nadie tenga que estar vigilando que lo haga. El compromiso se desarrolla a medida que la familia exige que el adolescente cumpla sus obligaciones hasta llegar a la madurez. Entonces cumplirá sus obligaciones sin que nadie se lo exija.

"Ponerse la camiseta" es algo que hace el aficionado de un equipo, cuando festeja su victoria, cuando se lamenta si pierde, cuando defiende a su equipo contra las injusticias y los ataques, cuando se vuelve hermano de sangre de otro aficionado del mismo equipo.

La afición es un grupo de jugadores extra del equipo, cuyo entusiasmo o desánimo contagian al equipo, y en ocasiones, incluso, influyen sobre el resultado del juego.

Los padres son aficionados de sus hijos, pero no siempre lo inverso sucede. Y no lo hacen de mala voluntad; lo que pasa es que los hijos no han sido educados para eso. Y esto no quiere decir que los hijos no quieran a sus padres. Por lo tanto, tenemos que educar a nuestros hijos desarrollando su compromiso con la familia, lo que implica mejorar la competencia de quien los educa.

Entre empleados con la misma capacitación, gana el que esté más comprometido con el proyecto. En un mercado de trabajo donde todo pesa (la competencia o capacidad, el espíritu emprendedor, los valores personales y relacionales, la educación y la ética, etcétera), el compromiso, la relación afectiva positiva con la empresa o con el equipo o con los compañeros, es el elemento que conduce al camino del éxito.

Información y conocimiento

Después de la era industrial, llegó la era de la información; en ese tiempo, información de gran valor llegó a ser usada como una forma de poder. Con el gran salto en el área de la comunicación, más adelante, la información se convirtió en algo fácilmente accesible, y llegó a ser casi gratuita, por medio del Internet. Hay información que puede ser utilizada para cualquier cosa, acciones, pensamientos o creaciones, transformados en conocimiento.

La diferencia más común entre información y conocimiento puede verse en esta situación cotidiana: en una clase, un profesor puede transmitir sus conocimientos sobre la materia a los alumnos, pero éstos los reciben como informaciones. Para los alumnos, son demasiados datos para su cerebro.

Una información repetida muchas veces, en diversos momentos o situaciones, quedará temporalmente registrada hasta que llegue a usarse, cuando se necesite. Así se estudia para los exámenes escolares. En ese tipo de registro, la información es memorizada en bloque, y es utilizada en bloque.

La información en bloque no se desmenuza, y se queda "pegada", no integrada, al cuerpo de nuestro conocimiento. Si no recordamos cómo empieza, no podemos evocarla. Nos acordamos de todo o de nada.

El conocimiento y la información, aplicados en la práctica, en todos los aspectos de la vida, pueden modificar lo que ya existe, crear algo nuevo y ensanchar los límites en todas las dimensiones.

Uno de los primeros conocimientos mentales que el ser humano construye es cuando comprende el significado de las primeras palabras, y las usa para comunicarse con otras personas. A partir de ese momento hasta la vejez, se construye el cuerpo del conocimiento.

Uno de los datos más interesantes del conocimiento es que se construye por utilidad, por placer o por emociones fuertes. El conocimiento que no se utiliza tiende a desaparecer, y se hace perecedero. Cuando usamos un nuevo programa de computación, por lo general olvidamos el anterior, si lo dejamos de usar.

El sistema de enseñanza actual conserva todavía muchos rasgos de la era de la información, cuando un alumno tenía la obligación de memorizar muchos datos, desde la tabla periódica de los elementos hasta los afluentes del Río Nilo, pasando por el seno y el coseno, además de fechas, y todo aquel que no tenía estos datos "en la punta de la lengua" era reprobado.

¿De qué nos sirve hoy tener esos datos "en la punta de la lengua", si no se transforman en conocimiento? Los paradigmas cambiaron, la época cambió, pero muchas escuelas siguen ofreciendo información y exigiendo la memorización. Esas escuelas no están actualizadas y no cumplen con la función de preparar a los alumnos para el mercado de trabajo.

En el trabajo, el conocimiento tiene tanto valor que, hoy en día, algunas empresas tienen un "gestor de conocimientos". Conocido por algunos y desconocido para muchos, ese gestor, o gerente, administra el conocimiento de la empresa, no sólo para hacerlo consciente y dar más valor a quien lo posee, y estimulando a quien no lo posee para que se apropie de él, sino también para mostrar cómo se emplea la inteligencia específica de un determinado sector, para integrarla en toda la empresa. De esta forma, el gesto puede ser consultado para superar algún estancamiento, hacer el presupuesto de gastos, estimular la producción, etcétera.

¿Puede un profesor ser un gestor del conocimiento? ¿Y los padres, por qué no pueden serlo también? Bastaría con invertir el proceso del aprendizaje, estimulando a los alumnos y a los hijos para formar y ejercitar sus conocimientos.

La adolescencia es un periodo de búsqueda de autonomía de comportamiento. Para sentirse independientes, los jóvenes procuran hacer algo distinto. Experimentar con cosas nuevas es una de las formas de construir en la práctica el cuerpo de conocimiento. El estudio formal en las escuelas tiene la finalidad de transmitir esos conocimientos sin la vivencia del alumno. No hay tiempo hábil suficiente para que el alumno viva todo lo que necesita aprender. Por lo tanto, el conocimiento puede y debe construirse también por los estudios.

El espíritu emprendedor

Muy valorado en el mercado de trabajo, el espíritu emprendedor es un concepto bastante novedoso que abarca varios conceptos conocidos desde hace mucho tiempo, pero que se habían considerado separadamente. Se trata de un cambio de paradigma del mal empleado al nuevo trabajador.

Un mal trabajador es la persona que trabaja sólo lo suficiente para no ser despedida, y se queja de lo poco que gana. Un mal patrón es aquel que paga sólo lo suficiente para que el empleado no renuncie. Se forma así un círculo retrógrado, de pierde-pierde.

También es un mal empleado aquel que sólo hace lo que le piden, cumpliendo sólo con sus obligaciones, porque podría hacer algo más, necesario pero no solicitado, que estuviera a su alcance, sin sacrificar su tiempo ni usar recursos extra. Y también es un mal empleado el que hace sólo lo que no le piden, y acaba por perjudicar la organización de una empresa.

Aunque sea un buen trabajador, y cumpla "nada más" con su obligación, en el horario adecuado, si no tuviera iniciativa, creatividad ni entusiasmo de "ponerse la camiseta", y realiza su trabajo de manera mecánica, bien podría ser sustituido por una máquina.

Muchos hijos, como malos empleados, estudian sólo para no reprobar, hacen lo mínimo en casa y reciben todo gratis, porque sus padres les exigen poco. Se están desarrollando muy lentamente, a pasos de gallo-gallina, y estarán mal preparados cuando se enfrenten al mercado de trabajo, cuyas exigencias requieren pasos de gigante.

El espíritu emprendedor es un conjunto de varias cualidades humanas, como competencia, iniciativa, ética, creatividad, valor, compromiso y responsabilidad por los propios actos, específicamente centrados en el trabajo, pero que son útiles en cualquier área de la vida. Esas cualidades conforman un conjunto unitario, porque la ausencia de una de ellas compromete el resultado general del trabajo.

Cada uno de nosotros maneja diversas áreas en actividades simultáneas. En algunas, somos valientes, pero no responsables; en otras, somos creativos, pero no competitivos; o éticos, pero sin iniciativa. El mundo ha avanzado en función de los emprendedores.

Uno de los grandes dramas de la educación familiar y escolar es que los paradigmas educativos cambiaron, y lo que antes servía ya es obsoleto, pero las escuelas y los padres todavía no se han actualizado. Es necesario que las personas con espíritu emprendedor estimulen a las que son conservadoras, para que expandan los límites de la educación.

Las paradas estratégicas

Vale la pena que los adultos realicen una "atención en las paradas estratégicas" de los adolescentes. Durante la carrera de la Fórmula 1, los autos se detienen para ser abastecidos y darles mantenimiento rápido de acuerdo con las necesidades de la carrera.

La vida del adolescente es una carrera. De vez en cuando, el hijo se detiene por combustible, para luego continuar su carrera. Es un momento estratégico en la carrera, porque la calidad de la atención puede definir el resultado de la carrera.

Quien atiende a los hijos en estas paradas estratégicas son los padres. Tienen que fijarse bien para dar a los hijos lo que ellos necesitan, y no lo que los padres piensan que necesitan.

Para dar correctamente esta atención, es bueno que los padres dejen a un lado lo que están haciendo, escuchen con mucha atención, se fijen también en los mensajes no verbales, piensen en lo que debe hacerse, y lo hagan.

Dado que esta parada estratégica es educativa, no debe ser vista tanto como una carrera contra el tiempo, sino como la oportunidad de dar al hijo una atención integral. Cada etapa tiene su razón de ser. La secuencia: detenerse, escuchar, ver, pensar y actuar conforma el objetivo principal de la educación, es decir, a través de ella los padres se harán cada vez menos necesarios materialmente, y más importantes afectivamente.

Se trata de un encuentro muy rico, en el cual existen muchas posibilidades:

•Al suspender lo que están haciendo, los padres están demostrando que lo que más les importa es su hijo.

•Escuchar con atención significa oír las necesidades que el adolescente quiere expresar, y no que los padres intenten adivinar lo que quiere. (Comunicar nuestro punto de vista es la base de cualquier relación. El mundo corporativo no va a esforzarse por adivinar lo que el hijo quiere).

•Ver significa captar, más allá de lo que dicen las palabras, complementándolas con la percepción de los mensajes no verbales. (Los líderes son especialistas en percibir el fondo de lo que se dice, y cuáles son los mensajes no verbales dentro de la comunicación).

•Pensar significa no actuar de manera impulsiva con tal de atender las necesidades inmediatas de los jóvenes, sino reflexionar sobre la mejor forma de resolver un asunto.

•Hay que negociar las posibles soluciones. (La vida es energía en movimiento, y su calidad depende de las negociaciones. El mundo corporativo vive de los "negocios").

•Mientras mejor atendido sea por sus padres en las paradas estratégicas, el hijo tendrá más autonomía y será más independiente, y hará menos paradas estratégicas con extraños. No sabemos qué tipo de combustible van a recomendarle…

Capítulo 5

El primer empleo

La gran caminata de la vida empieza con el primer paso.

En el primer empleo,
el profesional pone los pies en la tierra.
Todo está ahí: felicidad y angustia,
    preparación y espontaneidad,
    aprehensión y cuidado,
    valor y cariño,
    construcción y solidaridad,
    razonamiento y amor,
    progreso y poesía,
    competitividad y humanidad.

El primer empleo puede durar toda la vida,
si damos el siguiente paso como el primero.

Içami Tiba

La cigarra y la hormiga: versión posmoderna

Había una vez una cigarra que vivía cantando, mientras una hormiga trabajaba de sol a sol. Llegó el frío invierno. La cigarra no tenía provisiones. Como no tenía qué comer, le pidió ayuda a la hormiga, que había almacenado una gran cantidad de alimentos.

Muchos padres oyeron esa singular fábula de La Fontaine cuando eran niños. Hoy, esa misma fábula podría aceptar algunas adaptaciones:

> Había una vez una cigarra que se la pasaba cantando, mientras una hormiga trabajaba y pensaba: "Cuando llegue el invierno, esa cigarra perezosa va a pedirme comida y no se la voy a dar. Todos los años pasa lo mismo".
>
> Llegó el invierno. La hormiga estaba en su casa, llena de provisiones, cuando tocaron a su puerta. "Si es la cigarra, me va a oír", pensó la hormiga. "En esta ocasión no la voy a ayudar."
>
> Abrió la puerta y ahí estaba la cigarra. La hormiga se cruzó de brazos, frunció el ceño, puso una cara seria y, con una voz grave, le preguntó: —¿Vienes a pedirme comida?
>
> —No —le respondió la cigarra, feliz. Con la cabeza erguida, miró a los ojos a la hormiga y le dijo: —No vengo a pedirte comida. Vine a invitarte a que me acompañes a un viaje a París.
>
> —¿Cómo? —preguntó la hormiga, boquiabierta– Trabajé tanto para sobrevivir en el invierno, mientras tú cantabas solamente…
>
> —Así es, sólo cantaba —dijo la cigarra —Hasta que un día llegó un buscador de talentos, y me contrató para cantar en un centro nocturno en París.
>
> Malhumorada y contrariada, la hormiga le contestó: —¡No quiero nada! Y le cerró la puerta, más amargada que antes al saber que esa cigarra perezosa se iba a ir de viaje.
>
> —¿Quieres que te traiga un recuerdo? —insistió la cigarra, detrás de la puerta— Siempre fuiste muy amable conmigo, ¡y me ayudaste tantas veces!

Orgullosa, la hormiga le dijo que no necesitaba nada.

—Todo lo que necesito lo tengo aquí, almacenado —agregó.

Pero cuando la cigarra iba a irse ya, la hormiga la llamó y le preguntó:

—¿Podrías hacerme un favor?

La cigarra respondió: —¡Claro! ¿Qué quieres?

La hormiga, enojada, le dijo: —Necesito que, cuando llegues a París, busques a un tal La Fontaine, y le des un puñetazo de mi parte.

La moraleja actual de la historia podría formularse de la siguiente manera: hay personas que nacen con un talento innato, como Mozart o Leonardo da Vinci; hay otras que se dedicaron a desarrollar sus habilidades, como Albert Einstein o Ayrton Senna; pero quienes triunfan en la vida son y han sido, en su mayoría, personas plenamente dedicadas a hacer lo que les gusta. Entre ellos podemos contar a Sigmund Freud, Bill Gates, el Dalai Lama, Steven Spielberg y muchos más, verdaderos maestros en el campo al que pertenecen.

Una cigarra podrá vivir cantando en París, sin trabajar, si recibiera una herencia y contratara un buen asesor para esa empresa que fue de su abuelo, luego fue de los padres y sus hermanos, y ahora pertenece a una sociedad de primos. Nunca más le pedirá comida a la hormiga.

Algunos empresarios han descubierto que, en lugar de quedarse a trabajar en sus empresas, sería mejor que sus hijos o nietos vivan en París, de los rendimientos de las inversiones.

Sin preparación para el trabajo

Un jefe le pide a su nuevo empleado que haga una llamada telefónica.

El empleado trata de cumplir esa tarea, encuentra algunas dificultades, y no la realiza. Tiene listas todas las razones por las cuales no pudo concluir lo que se le encargó.

Pero de nada le sirven esas respuestas, porque no pueden explicar lo que sucedió, y el hecho es que la llamada no fue concluida.

Hay personas cuya educación, insuficiente, no les ayuda a darse cuenta de la gravedad del problema de no haber realizado esa llamada telefónica, ni pueden darse cuenta del daño ocasionado. Han sido tan perezosos que no podrían volverse, de golpe, personas progresivas. Son retrógrados, y se defienden afirmando: "Yo hice mi parte, pero no tengo la culpa de las fallas de los demás".

La vida profesional es muy diferente de la vida estudiantil. En la escuela, el alumno puede dejar de hacer las tareas. Siempre puede resolverse de alguna manera. Y aunque ya no hubiera solución, y tuviera que ser expulsado de la escuela, la situación se disfrazaba de una "invitación a retirarse de la escuela".

Errores escolares y familiares

Las escuelas y las familias, cada cual a su manera, no preparan como deberían hacerlo a las personas para el trabajo. La realidad de la vida adulta no tiene mucho que ver con la vida estudiantil en las escuelas, ni con la vida juvenil en las familias.

Como estudiante, el adolescente puede pensar: "Si estudio, muy bien; pero si no, también así puedo aprobar el año". Aunque el estudiante falle en lo que pide el profesor, tiene otra oportunidad, y otra más, hasta que logre acertar.

Para cumplir con su tarea como estudiante, recibe todo tipo de "ayudas". Esas "ayudas" sustentan al perezoso, por lo tanto, son retrógradas, dificultan y hasta impiden su progreso. La vida del alumno sigue adelante, prácticamente sin problemas, incluso si repite el año. Esos aspectos, entre muchos otros, muestran bastante bien que desde ese momento ya está mal preparado para la vida laboral.

Será difícil que logre mantener un empleo, si comete dos errores por cada acierto; si deja todo para el último minuto, al extremo de no lograr en ocasiones cumplir con lo asignado; si pide con frecuencia "ayuda" a otros empleados para terminar su trabajo. Sus compañeros de trabajo tienen sus propias obligaciones que cumplir.

Hay familias para las cuales reprobar el año es algo fatal, inevitable, porque el hijo no estudia. No es así: el hijo no debe repetir el año. Tiene que aprender a cumplir con sus obligaciones, como una base para la formación de su personalidad.

Al mundo laboral no le preocupa la autoestima de nadie, ni si alguien resulta lastimado, ni si está enojado, o se siente mal porque su novia se enojó con él. Si alguien no cumple con lo que tiene que hacer, será despedido, sin llantos ni veladoras.

Ninguna empresa, nacional o transnacional, le guarda a nadie su puesto de trabajo por caridad o por filantropía, con el conocimiento de los directores. O el empleado produce o está despedido. Si en la vida de ese estudiante, al parecer, no cambiaba nada por su conducta, ahora su vida sí que va a cambiar: de empleado a desempleado.

Un jefe no es como un maestro, que escucha las causas por las cuales un alumno no asistió a un examen; ni como los padres, que consideran siempre la autoestima y la felicidad de su hijo. Quien se queja de los profesores y de los padres, que espere a trabajar, para saber lo que es tener un jefe.

Padre-patrón

En los últimos tiempos, aumentó mucho en pocos años la cantidad de profesiones y de trabajos distintos, a tal grado que los padres no conocen algunos de ellos. Además, muchos padres están progresando en sus propios trabajos. Son padres que, partiendo casi de cero, lograron "triunfar en la vida", y quieren transmitir a sus hijos sus experiencias y capacitarlos para administrar sus negocios.

En esos casos, en su primer empleo, el hijo tiene un padre-patrón. Es una relación profesional que se mezcla con la familiar. Un hijo bien preparado y educado acepta y aprende bien incluso con ese tipo de relación. Pero uno que ha sido mal preparado y mal educado en general, ocasiona confusiones y desorganiza el ambiente de trabajo y también el ambiente familiar.

Hay personas que tienen un gran desempeño profesional, pero que en su casa no logran tener una buena relación con sus hijos. Cuando esos hijos empiezan a trabajar en la oficina de sus padres, acaban por llevar a ella los problemas de casa.

Mi propuesta es que esos padres hagan exactamente lo contrario: que lleven a casa lo que les da un buen resultado en el trabajo. Así, tanto la vida familiar como la profesional puede llegar a ser algo armonioso.

Entre varias ideas que los padres tienen sobre los hijos que empiezan a trabajar con ellos, señalaré dos extremos: el de "mi hijo tiene que empezar desde abajo", hasta el de "mi hijo no tiene por qué ensuciarse las manos".

La mayoría de los padres tienen la idea de que su hijo tiene que empezar desde abajo: barriendo, cargando paquetes en el almacén, haciendo funciones de mensajero, y así sucesivamente hasta ascender poco a poco en cada estrato para aprender todo lo que pasa en la empresa.

En la práctica, el sueño de esos padres no siempre se realiza, pues todos los compañeros de su hijo, en cualquier nivel en que esté, saben que "ese" empleado es el hijo del patrón. Eso puede acarrearle desde un cierto proteccionismo hasta una animadversión exagerada, algo que no le pasaría a otra persona cualquiera.

Otros padres piensan, en cambio, que su hijo debe disfrutar los privilegios y el poder del padre-patrón, aunque no tenga todavía ninguna experiencia en el ramo. Por lo general, ese hijo llega con la idea de cambiarlo todo, y no posee ninguna visión administrativa ni empresarial, dominado solamente por su propia omnipotencia juvenil, o por su rigor académico de "adulto joven recién salido de la universidad".

Los motivos de esa forma de ver el ingreso al trabajo de un hijo se relacionan, por lo general, con la vida de los propios padres. Es como el padre que de niño pasó hambre y cuando tiene hijos, los llena de comida.

Lo que el padre ya sabe es que de la teoría a la práctica puede haber una gran diferencia. Y también en este aspecto, el éxito puede proceder mucho más de la educación y la capacitación del hijo en aprender a cambiar lo que está mal, aumentar lo que está bien y mantener lo que está muy bien, por medio de una visión administrativa y empresarial, sabiendo que las consecuencias de sus decisiones no van a obtener una calificación, como en un examen escolar, sino que tienen que llegar a una determinada meta, establecida por la ideología de la empresa.

No es extraño que el hijo que "nunca se ensució las manos" tampoco logre entrar a la universidad. Actualmente, quien sólo llega a la preparatoria es considerado como un analfabeta funcional. Pero, por su edad, tiene el sentimiento de omnipotencia juvenil. Es un ignorante con poder. Déle poder a un ignorante y mostrará su ignorancia y arrogancia en el poder.

Un señor de 55 años tenía un negocio próspero. Empezó de cero, y con lo que ganó, logró pagar los estudios de sus hijos. El tercer hijo, de veinte, era "precoz", y dejó de ir a la escuela porque no le gustaba estudiar. El padre decidió que se fuera a trabajar con él. El hijo aceptó, pero con la condición de no "empezar desde abajo". A su padre no le importaba si comenzaba "desde arriba" o "desde abajo"; lo único que quería era que empezara a trabajar. Y desde el momento de empezar, el hijo "entró mandando". El negocio, que había sido próspero en manos del padre, empezó a irse a pique en manos del hijo, que enfrentaba su ineptitud e incompetencia por medio de la omnipotencia y la arrogancia...

Ese padre no fue lo suficientemente firme para establecer los límites adecuados necesarios a su hijo. Y esto le ocurrió precisamente a él, que fue tan competente a la hora de establecer su propia empresa.

Dejar los estudios para trabajar

No todos los jóvenes tienen facilidad para estudiar, ni a todos les gusta hacerlo. Pero hay algunos que tienen verdaderas dificultades para estudiar, e incluso llegan a desarrollar fobia hacia la escuela. En estos casos es importante hacer un buen diagnóstico de la situación, con la ayuda de un profesionista competente, para descubrir de qué manera pueden sustituirse los estudios en su formación profesional.

El abandono escolar es el último camino que debe tomarse.

Hay otras formas que también son útiles para apoyar la formación y la capacitación profesional. Por ejemplo, un curso en un buena empresa, donde el hijo pueda aprender lo que le gusta, ya en un campo profesional específico.

Algunas personas son más prácticas que teóricas. Si necesitaran estudiar primero lo que después tienen que hacer en la práctica, tal vez no aprenderían nunca. Pero si empiezan por la práctica, puede ser que logren descubrir el método en acción, explicando la razón de cada acción en la práctica. Existen escuelas donde este tipo de personas pueden especializarse.

Debemos recordar que hoy en día los jóvenes, cuando toman un teléfono celular, lo saben encender, buscan el menú de opciones, las prueban, etc.., y descubren cómo funciona todo, sin haber abierto el manual de instrucciones. Los padres de la época de los manuales se quedan boquiabiertos.

Hay algunos muchachos que quieren dejar los estudios para trabajar y tener más dinero para gastarlo en ropa, fiestas, viajes, salidas con sus amigos, etc. Son personas retrógradas, que dan más importancia al placer en detrimento de los estudios.

Hay otros a quienes les interesa trabajar medio tiempo, e incluso otros que quieren estudiar por las noches y trabajar durante el día. Si su trabajo no perjudica sus estudios, puede incluso ayudar al estudiante a organizarse mejor. El trabajo, en sí mismo, no perjudica a nadie.

Otros adolescentes son obligados por sus padres a trabajar, pues les sobra el tiempo, no les gusta estudiar y son yoístas. Puede ser que el trabajo logre desarrollar en ellos el sentido de la disciplina, haciéndolos ver una realidad diferente a la de la familia, para enfrentar la vida.

Al dicho popular: "La ociosidad es la madre de todos los vicios", agrego el que reza: "Órgano que no se usa, se atrofia", para señalar los estragos que pueden producirse si nos quedamos todo el día frente a la televisión, lo que atrofia la mente y el cuerpo.

Los dilemas entre el trabajo y el estudio

Los padres de hijos talentosos y brillantes, que quieren ser deportistas profesionales (futbolistas, tenistas, etcétera), o artistas de televisión, o modelos, etc., enfrentan grandes dilemas, pues a estos hijos no les importa dejar sus estudios. Mientras el aspecto profesional y el escolar se complementan, no hay problema, pueden coexistir. Los dilemas surgen cuando uno empieza a obstaculizar al otro.

Los mayores problemas se presentan entre padres e hijos, o entre el padre, la madre y los hijos, y se relacionan con la interrupción o la continuación de la profesión. Nadie niega la importancia de los estudios. Pero no todos los estudios y aprendizajes se llevan a cabo en las escuelas. Cuando el éxito profesional es muy grande, hay formas de estudiar lo necesario para la profesión por medio de cursos especializados y profesores particulares.

La revista *Viva Mais*, de la editorial brasileña Abril, en su número 278, publicó la noticia de una chica que, "a los trece años de edad, ganó el concurso Ford Supermodel of the World, el 12 de enero de 2005, y firmó un contrato anual de 675 000 reales, equivalentes a alrededor de 20 000 dólares mensuales durante un año." La pregunta queda en el aire: ¿es conveniente empezar a trabajar tan joven?

La revista señala: "El estudio es la base de todo. Buscar un trabajo porque no nos gusta estudiar es una tontería. Es difícil llegar lejos en una carrera si no se tiene una buena formación. ¡El trabajo no sustituye a la escuela!"

De acuerdo con la ley, "los menores de catorce años no pueden trabajar, salvo si tienen autorización especial del Tribunal de Menores."

Esa chica está viviendo una situación muy especial. Ella es muy especial. Tiene sólo trece años y ya está preparada físicamente para ser modelo, con la aprobación de sus padres. Pero su escolaridad no pasa de la enseñanza elemental.

Si los estudios sirven para la capacitación profesional y para llegar a tener una buena calidad de vida, por medio de un buen salario y un trabajo digno, que proporcione tanto realización personal como placer, para esa modelo los frutos llegaron antes que los estudios. Las oportunidades llegan a las personas que tienen la posibilidad de aprovecharlas.

Nadie podría rechazar un trabajo que le diera una suma de 2000 reales al día, durante todo un año. Puede aminorarse la marcha de los estudios, pero no se deben abandonar. Lo que no podemos hacer es dejar de aprender.

No es posible que una muchacha de trece años sepa lo suficiente para poder ser totalmente independiente. Su personalidad está todavía en formación. El dinero se le puede "subir a la cabeza" y ella, como aún es púber, no tiene formados los valores familiares y ciudadanos necesarios. Ahí es donde entran los apoyos necesarios, las supervisiones y las ayudas.

¿Crisis de trabajo? Una solución innovadora

En Brasil existen siete millones de personas desempleadas. Entre ellas, 50 por ciento tiene entre dieciocho y 25 años. El resto está distribuido en otras edades. La mayor concentración de desempleados se encuentra entre los adultos jóvenes.

Esos adultos jóvenes constituyen la generación polizonte, que vive con sus padres, mientras encuentran algo que les dé independencia financiera.

Muchos integrantes de esa generación toman cursos y más cursos, para estar cada vez más preparados para competir por un empleo, con otros que están en la misma situación.

Currículos cada vez más largos llegan vía email y por correo a muchas empresas, las cuales se sobrecargan de currículos que muchas veces ni siquiera son revisados. Lo que quiere decir que esos jóvenes ni siquiera serán entrevistados.

Uno de los medios que emplea el mercado de trabajo es el de entrevistar a personas recomendadas por conocidos, amigos y parientes. La mayoría de los adultos jóvenes que logran ser entrevistados lo consiguieron por medio de sus relaciones, y de las relaciones de sus amigos y de su familia.

La contratación depende de las evaluaciones a las que casi todos los candidatos tienen que someterse. Es en esa etapa que entra en juego la capacitación personal, los cursos que se han tomado, el poder de comunicación, de liderazgo, el espíritu emprendedor, la inteligencia emocional y relacional, además de los aspectos físicos, la disciplina y los valores no materiales.

Brasil se encuentra en el sexto lugar mundial en cuanto a las iniciativas empresariales. Y también es uno de los países que más ejecutivos exporta. Más que trabajar en la empresa o negocio de la familia, el adulto joven podría montar un negocio propio.

Es algo rejuvenecedor para los padres y prometedor para los hijos que entre ambos establezcan un negocio propio. Hay muchos negocios pequeños que prosperan cuando se unen la comprensión y la sabiduría de los padres y la fuerza de trabajo y el espíritu emprendedor de los hijos.

Y también existe para los jóvenes la opción de unirse entre sí para constituir una microempresa que pueda atender la demanda de un mercado dinámico, ágil, que abre nichos sorprendentes. Esos nichos, en poco tiempo, quedan saturados; por lo tanto, es necesario actuar con mucha rapidez y asertividad.

Capítulo 6

El tercer parto

La generación polizonte

Hay un momento decisivo en la vida de todas las personas, entre el fin de la adolescencia y el inicio de la fase del adulto joven: la entrada en la vida profesional. Es el tercer parto, cuando se nace para la independencia financiera.

Un joven que haya recibido una buena educación familiar y escolar, y se haya preparado para ser independiente, puede llegar a tener problemas, incluso así, para atravesar ese tercer parto, porque ello depende de la posibilidad de encontrar trabajo o empleo, es decir, de cómo se encuentre en ese momento la situación económico-financiera de su país.

Entrar al mercado de trabajo y volverse económicamente independiente debería ser una consecuencia natural de la madurez. Mientras tanto, hoy en día, el mercado no sólo es muy competitivo, sino que hay muchos jóvenes que no se sienten en condiciones de trabajar.

Hay padres que alojan comprensivamente a ese adulto joven formado y desempleado, y se vuelven sus socios en busca de un empleo para él. Ese adulto joven forma parte de la "generación polizonte".

En un pasado muy reciente, sólo se justificaba que un adulto joven formado y desempleado se quedara en casa, si estaba enfermo o estuviera atravesando algún problema personal o familiar muy serio.

Hoy en día, el paradigma ha cambiado, por las transformaciones económicas. Hay padres que se sienten tranquilos con la presencia de adultos jóvenes en casa, pues lejos de ser un obstáculo, rejuvenecen la vida en casa, con sus novios(as), amigos y amigas, y toda la parafernalia electrónica y novedades que, de otra manera, los padres no conocerían.

Es una jubilación diferente, con nuevas y dulces responsabilidades. Es un otoño acompañado por la brisa de la primavera, o sacudido por las lluvias del verano… Incluso si llegan nietos, por accidente o no, son sabia y tranquilamente recibidos, cuidados y disfrutados por los abuelos, que se renuevan en cada convivencia…

El patrocinio paterno en el trabajo

Actualmente, el trabajo sigue siendo un pilar importante de la autonomía financiera. Algunos padres tratan de ayudar a la generación polizonte, llevándolos a trabajar a su oficina, mientras encuentran empleo en el terreno para el cual se prepararon.

Otros padres piden ayuda a sus amigos, para que incorporen a esos adultos jóvenes a su trabajo, aunque sea para pagarles el salario mínimo, apelando a la importancia de tener un trabajo, de ser preferible en el campo de estudios del hijo. No es extraño que sean los propios padres los que paguen el salario de sus hijos, haciéndoles creer que es su patrón el que lo paga. Se trata de un patrocinio paterno.

He observado algo que da buenos resultados: cuando los padres participan como socios financieros de sus hijos, que adquieren el estatus de socios trabajadores, en una sociedad que ofrezca beneficios para los dos.

Entre esos padres, existen algunos que se arriesgan aún más, dando a su hijo un capital para que inicie un negocio. Y digo que se arriesgan porque si el hijo nunca tuvo una responsabilidad en sus manos, probablemente no podrá manejarla de repente.

Los resultados de ese patrocinio paterno dependerán, más bien, de la misma generación polizonte. Si el hijo fuera más joven que adulto, no podrá aprovechar esa oportunidad. Si fuera más adulto que joven, podrá progresar aprovechando muy bien cada paso que dé. Muchos empresarios forjaron las bases de su éxito gracias a un buen patrocinio paterno.

Uno de los fracasos de ese tipo de patrocinio paterno fue promovido por el hijo adulto, que siempre había trabajado con su padre, pero no cumplió con sus propias responsabilidades. Ante una situación insostenible, ambos decidieron que el hijo debería tener su propio negocio. El gran sueño del hijo era tener un bar propio. El padre le montó un bar, para que lo administrara. ¿Podría el hijo hacerse responsable de la administración de un negocio propio, algo que siempre había deseado tener? En pocos meses, todo "se hizo agua", o mejor dicho, "se hizo alcohol". El hijo administró su bar profesional como si fuera el bar de la sala de su casa. Invitaba a sus amigos a beber juntos y no les cobraba. Es decir, siguió gastando el patrocinio paterno y disfrutando de él… hasta que el padre-patrocinador cerró el bar, con pérdidas y deudas.

La generación polizonte con éxito

Uno de los secretos del éxito cuando se tiene un adulto joven viviendo en casa de los padres es la posición que él adopta. Hay tres tipos de jóvenes en este caso que no son adecuados, porque su actitud hace que todos salgan perjudicados: el polizonte "perezoso", el "explotador", y el "agobiado".

•El polizonte perezoso se comporta como si todavía no estuviera titulado: se levanta por la mañana, cuando lo despiertan; espera que le den todo lo que quiere sin hacer nada, pero no le importa si esto no sucede; no le importan los problemas de casa, pero tampoco le gusta ser una carga; todo le parece bien porque no es muy exigente, sobre todo si las cosas dependen de él, etc.

•El polizonte explotador es el que quiere obtener ventajas de su título universitario: sus padres y hermanos son sus vasallos, que están ahí para servirlo; se niega a cooperar en las tareas del hogar; es arrogante; de difícil convivencia; prepotente hasta el grado de tratar mal a todos en casa; exige todo lo mejor para sí mismo; los demás deben de rendirle homenaje, etc.

•El polizonte sofocado es aquel que se siente culpable por no conseguir un empleo e intenta compensarlo haciendo todo en casa: es un "mandadero" de lujo que hace pequeños servicios, desde pagar cuentas, hacer operaciones bancarias, realizar pequeñas compras cotidianas, hasta hacer todo en casa, como ocuparse de los problemas eléctricos, de las fugas de agua, de la televisión que no funciona, etcétera.

El polizonte adecuado es aquel que tiene conciencia del momento por el que está atravesando y se esfuerza para no crear problemas y hace lo posible para ayudar en casa, pero cuya prioridad es encontrar un empleo.

Su espacio físico sigue siendo prácticamente el mismo que ocupaba cuando era adolescente. Si tenía una recámara propia, o si dormía con un hermano en un mismo cuarto, ese estatus por lo general se mantiene. Un detalle importante es el cambio en su armario, donde ahora tiene que guardar zapatos y camisas de vestir, corbatas, trajes, etcétera.

El tiempo que dedica a su familia también va a cambiar, pues el adulto joven ahora tiene muchos intereses personales y afectivos. El control de ese tiempo y espacio (cuándo sale y a dónde va) pertenece totalmente al hijo, que, en teoría, ya no necesita dar cuentas de sus salidas, como cuando era adolescente.

"Salir por la puerta delantera"

Significa salir por la puerta de enfrente de un lugar, situación o relación, con todas las cuentas en ceros, sin deber favores ni tener que cobrarlos, sin resentimientos de ningún tipo, y sin deseos de venganza ni rencores. En pocas palabras, la situación debe ser mejor de lo que era antes de que esa persona entrara, y ella misma también debe ser mejor que cuando entró. Esto quiere decir que todos mejoraron.

Lo más importante de la vida no son las ventajas materiales de dejar una situación dada, sino salir de ella con dignidad. Las ventajas desaparecen con el tiempo, y el dinero cambia de manos. Pero la dignidad no se transfiere, y con el tiempo se vuelve más valiosa.

Se aprende a "salir por la puerta de enfrente" saliendo de casa de los padres. Significa salir con dignidad para ser bien recibido siempre. Representa una gran falta de educación salir ofendiendo a alguien, agrediendo, azotando la puerta, minimizando lo que se recibió, todo lo que significa, en resumidas cuentas, "morder la mano que nos alimentó", o "salir por la puerta trasera".

¿Quién puede regresa a un sitio, si entró por la puerta de enfrente, pero salió por la puerta de atrás? Cuando salió de esa manera, esa puerta se cerró para él para siempre, y ya no podrá volver a abrirla. No es libre una persona que tiene ante sí varias puertas cerradas.

De la misma forma, los adultos jóvenes tienen que salir de casa de sus padres por la puerta de enfrente. Hay que recordar que no es la distancia física lo que separa a los hijos de sus padres, sino las puertas afectivamente cerradas.

Preparar a los hijos para el negocio de los padres

Uno de los grandes problemas que tuvieron las familias en las últimas décadas fue la gran disminución del tiempo de convivencia entre los padres y los hijos. Dos fueron las principales causas de esto: el trabajo fuera de casa de las madres y los hijos que empiezan a ir a la escuela a los dos años de edad. En la adolescencia, esa situación se agrava porque los hijos ya no obedecen las órdenes de sus padres y hacen lo que quieren.

Si los padres no se esfuerzan para tener una mayor convivencia con sus hijos adolescentes, al cabo de un tiempo no van a saber qué amigos tienen, y tampoco sabrán lo que les está pasando en la escuela, si la escuela misma no lo informa. Los adolescentes solamente admiten sus errores cuando son descubiertos y ya no pueden negarlos.

Para empeorar esa situación crítica, padre e hijo, cuando están juntos, evitan hablar sobre temas difíciles o pesados, y esto incluye los asuntos que puedan afectar a otros miembros de la familia, y lo que intentan es "gozar del tiempo que están juntos". Lo que quieren es relajo, alegría, pláticas insustanciales. Así desperdician la oportunidad de ponerse al día, para sólo distraerse juntos.

"Como pasamos tan poco tiempo con nuestros hijos, lo menos que queremos es darles la lata", dicen los padres más benevolentes. Pero entonces, si los padres no educan a sus hijos, ¿quién lo hará?

Todo esto trae como consecuencia que los padres descubran que no conocen a sus hijos, sino hasta que empiezan a trabajar con ellos. La realidad de los hijos puede encontrarse muy lejos de los sueños de los padres.

Existe un denominador común en varias empresas de éxito. El abuelo fue quien inició el negocio, el padre y los tíos lo ampliaron y multiplicaron, ya como empresa, y los hijos y primos forman la tercera generación, que será dueña del *holding* familiar.

Es pertinente hacer aquí una distinción entre heredero y sucesor. El heredero tiene derechos legales sobre la herencia. El sucesor es quien va a seguir trabajando en la empresa, ocupando un cargo o una función. El heredero puede ser también el sucesor. Para ser sucesor no es necesario ser heredero, se puede ser una persona contratada para el cargo.

Uno de los grandes problemas que enfrentan las familias de alto rendimiento es el proceso de sucesión. La primera generación es la del jefe máximo, el emprendedor y creador que no daba cuenta a nadie de sus actos. La segunda generación es la formada por sus hijos, una sociedad de hermanos. En ella, la administración de la sociedad es muy diferente de la individual. Con la entrada de personas diferentes a través de los matrimonios de miembros de la segunda generación, empiezan las complicaciones emocionales, psicológicas, interpersonales y administrativas.

La tercera generación está compuesta por los hijos de los hijos, que con sus respectivos matrimonios e hijos complican aún más las cosas. Esa generación se convierte en un gran conjunto de primos hermanos y primos segundos, cada uno con expectativas, lo cual vuelve difícil la relación entre herederos y sucesores.

Lo que sucede en realidad es que se va formando un grupo inmenso de muchos núcleos familiares, y cada uno de ellos defiende sus propios intereses. Los derechos legales de un heredero no garantizan su competencia laboral, emprendedora ni administrativa. Pero son los herederos quienes tienen el poder de decidir las directivas económicas, filosóficas y sociales de la empresa o del *holding*. Los sucesores deberán dar buena cuenta de sus decisiones a los herederos, que serán todos socios accionistas.

La posición del heredero-sucesor es muy delicada, porque tiene que dar cuentas a los demás herederos, que ni siquiera saben la dirección de la empresa...

En ocasiones, el primer jefe máximo de la empresa, aunque ya no vaya todos los días, va a la oficina de vez en cuando y con frecuencia da órdenes personales que contradicen las de los sucesores, contratados o no. De esta manera se mezclan los vínculos afectivos de respeto y gratitud con la relación hacia su cargo como jefe pionero. Y tampoco es raro que un padre designe a su hijo como sucesor por cuestiones afectivas y no por su capacidad.

Por todo esto, no es de extrañar que muchas empresas no sobrevivan a la tercera generación de herederos.

Una empresa puede llegar a quebrar por el descuido de los herederos de la segunda generación (hermanos y cuñados); por lo tanto, para que sobreviva, es importante que los problemas personales y las dificultades de relación entre todos sean resueltos en primer término.

El proceso de sucesión: una tarea familiar

Se trata de una tarea muy compleja, especializada, porque en ella participan personas muy distintas:

- De diferentes edades, intereses y preparación.
- De diferentes perfiles psicológicos.
- Con antecedentes personales y familiares distintos, aun siendo parientes consanguíneos.
- Cada una de ellas tiene sus propias expectativas, en relación con su trabajo y su nivel de vida.
- Cada una de ellas puede sufrir presiones de sus padres.
- Algunas ya trabajan en la empresa, mientras que otras no la conocen siquiera.
- Algunas están muy interesadas en el progreso de la empresa, y otras, sólo velan por sus propios intereses, etcétera.

Uno de los problemas más comunes en la sucesión familiar es trabajar con la tercera generación (de primos), con la presencia ocasional de miembros de la segunda generación (de hermanos), para diferenciar entre herederos y sucesores.

Buscar la mejor solución para el proceso de sucesión puede partir, en la práctica, de elegir al candidato que parezca mejor, hasta encontrar los caminos más adecuados para todos.

Será difícil para alguien que está dentro del laberinto encontrar una salida, si no tiene a nadie que le ayude. Así, todos los miembros de la tercera generación pueden buscar una solución propia con un asistente personal, profesional o no.

Si cada primo trata de sacar el mejor provecho para sí mismo, pronto todos estarán peleando unos contra otros para quedarse con la tajada más grande.

La tarea de la familia, en estos casos, es designar a un especialista que pueda ponerse de acuerdo con todos los involucrados, para el bien del negocio, empresa o *holding* familiar.

Capítulo 7

Necesidades especiales

Una fuga por la cual se escapa un poco de agua cada día,
puede ser poco para decidir remodelar el baño,
pero tampoco podemos dejarla así…

Cuando un hijo se rompe un hueso, sus padres lo llevan corriendo a urgencias.

Una fiebre alta en un niño hace que sus padres lo lleven inmediatamente al doctor.

Pero ese malestar intestinal que no impide al hijo ir al centro comercial,

hace que sus padres se queden preocupados, pues no es suficiente

para ir a ver al médico, pero tampoco les gusta que su hijo ande solo por ahí…

Cuando se presentan esas situaciones en las que no sabemos qué hacer, estamos ante necesidades y cuidados especiales.

Porque la fuga podría significar que la tubería se está rompiendo.

Porque esa molestia intestinal podría ser un principio de apendicitis…

Porque los "aborrescentes" pueden haber sido niños problema.

Içami Tiba

Las malversaciones del presupuesto empiezan en casa

No existe ningún brasileño que no haya sido víctima de las malversaciones del presupuesto y de la corrupción. Sabemos, por artículos publicados en periódicos y revistas, que una parte importante de los recursos destinados a la educación se desvía hacia el caño de la corrupción. Y no sabemos qué otros recursos no llegan nunca a su destino.

Lo peor es que la malversación de recursos puede empezar desde la casa. Enseñamos a nuestros hijitos a malversar dinero desde muy pronto, cuando dejamos de exigirles que cumplan lo que se les encarga, como gastar correctamente el dinero que les damos.

Si damos a nuestros hijos dinero para la escuela y lo gastan en estampitas, el niño malversó el dinero. El dinero que le dimos era para alimentos, y no para juegos.

Si esa malversación continúa, su salud se verá perjudicada, y serán los padres quienes pagarán las consecuencias, porque tendrán que gastar más dinero para su tratamiento médico y recuperación.

El dinero que el hijo tiene en su poder no es para que haga lo que quiera con él. Tenemos que educarlo para que aprenda a controlar ese poder. Tiene que comprender que no todo el dinero que pasa por sus manos le pertenece.

Exíjale el cambio del dinero que le da para el almuerzo. Es muy poca cantidad, pero se trata de una medida que, lejos de ser un signo de desconfianza, es una acción educativa para que su hijo, desde pequeño, aprenda a rendir cuentas y a ejercer la responsabilidad doméstica que le fue encomendada, misma que más adelante se transformará en responsabilidad social.

Los padres no deberían enojarse ni castigar a su hijo cuando malversa dinero por primera vez: tienen que enseñarle que eso no se hace, que está mal. Y para lograrlo, hay que enseñarle cómo se debe hacer, lo que sí es correcto. No se castiga la ingenuidad, pero no se perdona la deshonestidad. Debe de acordarse con ellos cuáles serán las consecuencias si la malversación volviera a suceder.

La ética del dinero

Si los padres no controlan la forma en que su hijo ejerce su poder sobre el dinero, y él compra lo que quiere sin su supervisión, cuando sea adolescente, ¿por qué no va a comprar drogas? "A fin de cuentas, puede pensar, es mi dinero y puedo hacer con él lo que quiera."

Pensando de esa manera, el hijo no aprende ni desarrolla la "ética del dinero": el dinero no puede usarse para el mal, sin importar de quién sea. Porque el dinero de la droga llegará a manos del traficante que compra las armas con que seremos asaltados en casa.

La "mesada" es una cantidad fija de dinero que el hijo recibe en plazos previamente acordados, para que administre las compras que quiera hacer. Si lo gastara todo de una vez, se quedará sin dinero hasta la siguiente mesada. Esa espera lo enseña a administrar mejor su dinero. Si un padre no respeta ese tiempo de espera, está educando mal a su hijo, pues éste querrá, después, romper el sistema pidiendo dinero a sus abuelos, a los empleados, a sus tíos, etcétera.

Si la mesada no alcanzara nunca, una de dos cosas pueden estar pasando: o es demasiado pequeña, o su hijo es un derrochador. Si no logra controlar sus gastos, quiere decir que todavía no es tiempo de dársela. O tal vez pueda recibirla en forma de "semanada", es decir, como una cantidad semanal.

Con la mesada, el hijo aprende a organizarse, a hacer previsiones y ahorros para comprar cosas más importantes. Así, cada peso puede ser significativo. Pero el dinero para el almuerzo o cualquier otra cosa obligatoria de la escuela debe ser respetado.

La familia de José, de diecisiete años, siempre depositó el dinero de sus ahorros en el banco, desde que era pequeño. José aprendió a invertir en finanzas y hoy tiene una buena cantidad de dinero, lo suficiente para dejar de estudiar, comprarse una motocicleta y salir a recorrer el mundo. Su familia no está de acuerdo con ese proyecto, pero él está decidido a realizarlo apenas cumpla dieciocho años. Quiere vivir de sus rentas. Lo que preocupa a la familia de José es que él, a pesar de ser inteligente, nunca termina lo que empieza, se pone muy agresivo cuando no obtiene lo que quiere, se siente feo y se encierra en sí mismo. No se compromete con nada, ni tiene novia. No usa drogas, pero tiene amigos que sí las usan. Y toma cerveza como si fuera refresco.

El error no fue que los padres depositaran dinero en su cuenta, sino que no enseñaron a su hijo la ética del dinero.

Cuando un adolescente malversa dinero

La malversación del dinero es más evidente y grave cuando los hijos llegan a la adolescencia, pues sus deseos aumentan y, con ellos, sus gastos. Es más necesario que en la infancia que todos los gastos se examinen y se fortalezca la educación financiera.

Los jóvenes pueden practicar malversaciones de dinero de diversas formas:

- No regresando los cambios.
- Inflando algunos gastos, como el de la gasolina del carro, o compras para la despensa de la casa, sin entregar las notas.
- Firmando vales por comidas u otros gastos no pagados, que el joven retira como dinero en lugares que tienen esos acuerdos con la familia, como clubes, gasolinerías, panaderías.
- Justificando gastos indebidos con gastos aceptados.

Los padres pueden darse cuenta de estas malversaciones porque aparecen en casa objetos que hablan de los gastos hechos por el hijo en sitios de esparcimiento que frecuenta.

Como sus "ventajas" pueden seguir aumentando, y sus familiares ya no creen que su mesada lo paga todo, el joven puede empezar a mentir, si su propia conciencia no le exige un cambio de actitud.

Pero si los padres realmente estuvieran preocupados, en vez de desgastarse exigiéndole que les diga la verdad, lo que deberían hacer es empezar a rastrear el dinero, controlando más el que pasa por las manos del joven, exigiéndole los cambios, recortando los "convenios" con los establecimientos, etc.

Los padres pueden verificar si esas medidas están dando resultados cuando el comportamiento de su hijo empieza a cambiar de manera integral en casa. Está de mejor humor, pues ya no tiene que ocultar el lado incorrecto de su vida, se queda más tiempo en casa, y los amigos que se beneficiaban de sus "ventajas" ya no lo buscan.

Pequeños robos en casa

Pero si su hijo sigue con su vida de "ventajas", aunque toda la familia ya esté controlando el flujo del dinero, es necesario realizar un trabajo de investigación más profundo y detallado para descubrir de dónde surgen sus ingresos.

Uno de los primeros recursos que el hijo aplica es vender sus pertenencias. Su cuarto empieza a vaciarse. Y nada regresa, pues todos sus objetos se están consumiendo, vendidos o no.

En la jerga de los delincuentes se dice que un reloj se "hizo droga" cuando alguien lo entrega para recibir droga a cambio. Así, un reloj, un celular, un reproductor de CDs pueden "hacerse" droga. Es una operación que se realiza para facilitar la obtención de droga, pues el usuario, de esta forma, no necesita encontrar un comprador de sus objetos.

El síndrome de abstinencia es el conjunto de padecimientos ocasionados por la falta de droga. Quien lo está sufriendo, busca salir de él a cualquier precio. Ésa es la gran ventaja del traficante, que convierte un valioso reloj en una dosis de droga.

Nadie da gratis nada a nadie, y mucho menos un traficante a un usuario. Y pocos fían. Pero si lo hacen, los cargos directos e indirectos son elevados, pues los traficantes encuentran y cobran cruelmente a los padres de los deudores.

Cuando el joven ya no tiene nada qué vender, empieza a tomar las pertenencias de su familia. Entonces empiezan a desaparecer de la casa objetos, botellas, joyas, dinero guardado en cualquier monedero...

A esa altura, el hijo ya empieza a presentar grandes perturbaciones de conducta, en su ritmo cotidiano de actividades, en la caída de su rendimiento intelectual y en sus afectos, así como cambios en sus relaciones familiares y sociales.

Cuando se presentan esas alteraciones en la conducta y no saca nada de casa, existe el gran riesgo de que el hijo esté traficando droga. Es un medio de obtener dinero fácil, pero el riesgo es muy alto, pues pasa a ser un traficante, un delito que no alcanza fianza.

Algo que puede ayudar mucho a prevenir esos trastornos es la construcción de los valores superiores no materiales: gratitud, disciplina, religiosidad, ciudadanía, ética y educación financiera.

La piratería en Internet

El Internet es un excelente instrumento para todo: para el bien y para el mal. Los valores superiores son los que hacen la diferencia en su utilización.

Quienes se conectan, sin importar su edad, tienen el poder casi mágico de recorrer el mundo, de platicar con personas de cualquier país, de comprar lo que quieran, de realizar operaciones financieras, de adoptar cualquier personalidad sentados ante sus computadoras en casa.

El mal uso de Internet se presenta cuando, para obtener ventajas personales, los usuarios perjudican a personas o a empresas, sin que éstas lo adviertan en un principio; cuando se dan cuenta, ya han sido perjudicadas. El dinero, las ideas y los secretos profesionales de sus víctimas han sido robados silenciosa y rápidamente por anónimos *hackers*, cuya única arma es el conocimiento y cuya base es la falta de ética.

Muchos de esos *hackers* son adultos jóvenes, y otros son profesionales de la informática. En muchas ocasiones sus propios padres o familiares no saben lo que ellos hacen por Internet, pero el producto de esos ciber-robos se materializa después en forma de casas de esos malos *hackers*.

Embriagados por la omnipotencia internáutica, los malos hackers sienten que pueden hacer todo lo que quieran, amparados por la impunidad y el anonimato. La pantalla de la computadora está disponible para que realicen todos sus deseos, hasta los más peligrosos.

Hoy en día existen los "policías del Internet", que son contratados para evitar esos robos, como se contrata a guardaespaldas para que protejan a las personas. Algunos hackers son descubiertos, pero otros quedan impunes.

El acoso cibernético

Así como existen los acosos sexuales y morales por medio de Internet, existe también entre los púberes y los jóvenes el ciberacoso.

El ciberacoso es un acoso moral donde están presentes la violencia, el prejuicio y la exclusión que se realizan contra una víctima, generalmente un compañero de escuela, haciendo un cruel hincapié en alguna diferencia racial, religiosa, cultural, física o funcional.

La violencia física marca la diferencia entre el acoso presencial y el virtual. Por lo general, los acosadores presenciales complementan sus acciones mediante el uso del Internet. Por lo tanto, no es difícil identificarlos, pues las víctimas suelen saber quién las maltrata.

Las víctimas del ciberacoso funcionan como las del acoso presencial; es decir, como les resulta difícil reaccionar y defenderse, se retraen y no quieren ya ir a la escuela. Su autoestima está por los suelos, y no es extraño que presenten alteraciones conductuales, y su rendimiento escolar disminuya considerablemente.

Los niños sufren en silencio, tragándoselo todo. Los adolescentes, por su parte, sienten vergüenza de pedir ayuda, pues creen que deberían resolverlo por sí solos. Las muchachas llegan a pensar en suicidarse, y los muchachos en comprar una pistola.

Como en cualquier situación de acoso, es necesario que se haga pública su existencia para que el problema sea resuelto. Así, los padres de las víctimas deberían acudir a la escuela y pedir ayuda al director, al orientador, a los coordinadores pedagógicos, y hasta a los maestros en cuyas clases se produce el acoso.

Es necesario que los responsables de la disciplina en las escuelas piensen en la posibilidad de un acoso, cuando median en situaciones que pueden ir desde una simple discusión hasta una pelea física.

También es necesario que los padres platiquen seriamente con las víctimas, para que los acosadores sean identificados y se tomen medidas de precaución. Los acosadores se alimentan de la falta de reacción de sus víctimas, y de la permisividad de los adultos que practican el acoso.

Conclusión

¡Basta de "tragarse los corajes"!

No podría terminar este libro sin hacer un breve resumen de los principales aspectos abordados en él, ni dejar de dar un último consejo: "¡Basta de tragarse los corajes!"

•Hoy en día, resulta más fácil comprender a los adolescentes por medio del conocimiento de sus etapas de desarrollo social, que nos dicen que están en busca de su autonomía conductual, a través de un segundo parto.

•Las hormonas de los seres humanos —los cromosomas— no se han alterado por milenios, pero nuestra vida —el "así somos"— cambió radicalmente. Nuestros pensamientos pueden cambiar en segundos, pero nuestros afectos y emociones se van haciendo más estables a medida que la madurez avanza.

•La generación de los abuelos, y la de los padres de los adolescentes de hoy, no tenían la obligación de saber mucho inglés; les bastaba con el que se les enseñaba en la escuela. Hoy en día, en cambio, saber inglés es algo indispensable para un currículo promedio, donde la diferencia decisiva puede ser la posesión de una tercera o cuarta lengua.

• Hay muchos padres que acostumbran todavía "leer el manual" antes de "encender el aparato", mientras sus hijos adolescentes ya navegan por Internet sin saber ni siquiera dactilografía.

• Antes, las calles se consideraban peligrosas por la existencia de las "malas compañías"; ahora, encerrar a los hijos en su cuarto puede ser mucho más peligroso, por las calles virtuales donde platican con cualquier persona de cualquier lugar del mundo, muchas veces de asuntos que no se comentan en casa.

• La familia ha podido mantener la estructura de niños y adultos, pero ha cambiado mucho en el renglón de adultos proveedores e hijos dependientes, pues éstos van desde los hijos consanguíneos hasta los hijos del cónyuge y los hijos "postizos".

• El éxito de los padres, o de uno de ellos, no garantiza la felicidad de sus hijos. Los hijos pueden elegir profesiones que frustren a sus padres, que se decepcionan y enojan al ver sus sueños frustrados. Y también se sabe hoy que los adultos no deben provocar la ira de los jóvenes. Vivimos en una época en la cual la transmisión de empresas y cultura de los padres para los hijos es algo muy complicado, para no decir problemático.

• Es muy importante que los padres preparen a sus hijos para ser ciudadanos éticos, felices y competentes. Esa preparación empieza en casa, en la vida práctica de lo cotidiano.

• La familia ya no puede cerrarse en torno de los problemas que surgen con los hijos, buscando soluciones como si estuvieran reinventando la rueda, mientras fuera de casa hay carreras de carros... La educación, hoy en día, tiene que ser un proyecto y no una colcha de parches, cosida a varios manos con soluciones divergentes e incluso contradictorias.

• Las familias de hoy deben ser de alto rendimiento: un equipo cuyos integrantes alternan el liderazgo, de acuerdo con sus capacidades y competencias.

• Por más progresiva que sea una familia, si uno de sus integrantes fuera retrógrado, el rendimiento de la familia disminuirá. Porque ninguna familia que tenga un integrante drogadicto, o presidiario, o delincuente, puede disfrutar de la felicidad familiar, y mucho menos comunitaria.

• La piedra filosofal de las relaciones humanas globales puede buscarse a través de la comprensión y la práctica de la convivencia cotidiana. No existen las relaciones perfectas, pero sí la aspiración constante de todo ciudadano que se precie de buscar el bien de la sociedad en su conjunto.

• Las relaciones humanas pueden dividirse en dos grandes grupos: entre personas semejantes y personas diferentes. Las semejantes, a su vez, se dividen en: conocidas y desconocidas. Las personas semejantes conocidas se dividen en personas del mismo nivel, y personas de niveles diferentes; y éstas, a su vez, en personas por encima o por debajo en relación con las demás.

• Los diferentes y desconocidos pueden enseñar a los demás sus culturas y costumbres. Los problemas se originan en las malas relaciones entre los semejantes y los conocidos.

• Un padre no es superior a su hijo por ser proveedor, ni el hijo es inferior porque depende de él. Ambos se encuentran en diferentes etapas de desarrollo. Así como el hijo no es superior a su padre por navegar sin problemas en Internet, donde aquél, en cambio, podría ahogarse... Todo es una cuestión de menor o mayor desarrollo: navegar en Internet no hace superior al hijo, ni estar en un nivel económico bajo lo vuelve inferior.

•Mientras más aptitudes y competencias tenga una familia, será mayor su desempeño como equipo. Las familias de alto rendimiento no sólo no se desmoronan y retroceden ante los reveses de la vida, sino que fortalecen sus vínculos internos, y progresan porque aprenden a enfrentarlos y a superarlos.

•Así, será difícil que un profesionista se llegue a preparar para desempeñar una profesión que existirá en el futuro, pero que no conocemos bien todavía. Por lo tanto, es necesario formar personas que estén capacitadas de manera global en todo. Y todo esto empieza en casa, por medio de buenos estudios y de una vida progresiva.

•Tener un buen desempeño escolar no justifica ser desordenado ni grosero. La materia de los exámenes no es la de la vida. De la misma manera, el alto salario de un padre no lo autorizaría a tratar mal a sus empleados. El dinero da pode económico, pero no vuelve a nadie superior a los demás.

•Para formar una persona saludable que pueda "tener éxito" en la vida, es necesario algo más que ser un excelente profesionista. Son necesarias otras habilidades, como educación financiera, alfabetización relacional, desarrollo de valores superiores, establecimiento de una red de relaciones, tanto personal como profesional, etcétera.

•No basta amar para realizarse en una relación afectiva duradera. El amor pasa por varias etapas: amor generoso, amor que enseña, amor que exige, amor que intercambia y amor que retribuye…

•Más que el tiempo empleado, lo que importa en la educación es la calidad del tiempo que pasamos con los hijos; por lo tanto, no vale la pena quejarse de la falta de tiempo. Y si éste es escaso, tenemos que optimizarlo, haciendo énfasis en las negociaciones y los intercambios afectivos en la construcción de la personalidad.

•No se puede ser feliz soportando contrariedades. La infelicidad se opone a una educación plena, saludable. La felicidad se construye con la capacidad de ser feliz. Estar bien solo no significa ser feliz, si eso le cuesta sacrificios y problemas a los demás.

•Ser feliz no es tener todo lo que se quiere, sino saber disfrutar lo que se tiene. La felicidad empieza por no aceptar los maltratos, ni las ofensas, ni los abusos, ni nada que dañe nuestra autoestima. La felicidad incluye no hacer a los demás nada que no nos gustaría que los demás nos hicieran.

¡Basta de "tragarse los corajes"!

En el proyecto de educación "Quien ama, educa", tragarse los corajes, lejos de educar a los hijos, los deseduca, pues aprenden a no respetar a los demás.

Los corajes se ocasionan por los maltratos, palabras insultantes, groserías, ofensas, agresiones, falta de respeto al prójimo, conductas irresponsables, abusos, peleas entre hijos por razones insignificantes, falta de tolerancia y solidaridad, etcétera.

"Tragarse los corajes" significa que los padres no manifiestan adecuadamente los sentimientos que les causan las contrariedades en el trato con sus hijos, y las aceptan como si se las hubieran tragado.

Si un bebé le pega a su mamá, ésta no debe quedarse callada, o sea, no debe tragarse ese coraje. Por más que ella comprenda que el bebé no le pegó por maldad, por no saber el significado de un golpe, es necesario que ella le enseñe al bebé que no se debe golpear a los demás.

Un golpe significa una agresión. Por lo general, el bebé quiere jugar y agradar a los demás, y no sabe bien cómo hacerlo. Por lo tanto, hay que enseñarle a gustar, a acariciar. De esa manera, el bebé tendrá más recursos para expresar amor acariciando, y golpeando cuando algo no le gusta.

Lo mejor sería aprender a no "tragarse los corajes". Decir "no", suavemente al principio, y agradecer, si nos están ofreciendo algo. Y si hubiera una insistencia, decir de nuevo "no", pero con más firmeza, sin explotar.

Como última recomendación, piense y murmure mentalmente: "Si él quiere insistir, está en mi poder negarme, porque definitivamente no quiero".

En cualquier situación más natural, cualquier persona que "se trague los corajes" los vomita. Vomitar no es algo bueno, pues las cosas que se vomitan son siempre peores que las que se tragaron, porque vienen envueltas de jugos gástricos, ácidos, y salen junto con otros corajes previamente tragados, etcétera.

Es horrible convivir con padres que **vomitan corajes**, pues son pésimos educadores, ya que cuando se vomita un coraje, salen otros corajes del pasado.

Los corajes que no se vomitan pasan al intestino, de donde ya jamás saldrán, y ocasionarán diarrea o constipación.

Las "diarreas de coraje" son explosivas y reactivas a cualquier situación, aunque no se relacionen con nuevos corajes. Las personas que viven así viven tensas, como si fueran bombas a punto de explotar, desparramando su diarrea de coraje dondequiera que pasen, menos en el sitio donde se tragaron los corajes.

Son personas que "se tragan" las órdenes, los abusos, las metas casi imposibles de realizar, y las faltas de respeto humano procedentes de sus superiores en el trabajo. Como no pueden vomitar los corajes ahí, porque correrían varios riesgos, incluso el de perder el trabajo, esas personas salen a las calles peleándose con su propia sombra, reaccionando violentamente contra los otros automovilistas, si manejan, enojándose con todos los semáforos en rojo y, cuando llegan a su casa, ni siquiera sus hijos se atreven a acercárseles.

Cuando llega a su casa, el "tragador de corajes", desde que entra a la sala, ya le está gritando a su hijo adolescente, que está tranquilamente echado en el sillón, viendo la tele: "¿Ya estudiaste?", "¿Ya hiciste tu tarea?", o "¡Vete a hacer algo de provecho!"

Un padre, en esas condiciones, no puede ser un buen educador… En primer lugar, tiene que controlarse, diferenciar los contextos y darse cuenta de que el adolescente no tiene la culpa de lo que le sucedió en el trabajo.

El estreñimiento de los corajes que se tragan hace daño a las personas; es como si se transformaran en una especie de sapos… Van adquiriendo los colores del sapo, pues se vuelven verde bilis, azul depresivo o gris cadavérico: los mismos colores que tienen las brujas en las caricaturas. Las brujas no educan. Sólo hacen daño. Si hicieran el bien, serían hadas. Por lo tanto, las brujas no pueden ser ni educadores, ni padres…

• Una madre verde bilis fastidia a los demás. Cuando oye que su hijo hizo algo maravilloso, siempre responde con un comentario amargo. Es muy común oírla decir algo así como: "¡Eso va a salir mal!" Si el hijo está mal, ella tiene motivos para estar peor. ¿Y cómo una educadora puede estar siempre peor que aquel a quien educa?

• Un padre azul se hace la vida desgraciada y, por lo tanto, es muy perjudicial para su hijo, pues acaba por echar a perder el placer de los demás, por no creer en sí mismo. ¿Cómo puede un hijo desarrollarse con un padre que ni siquiera cree en sí mismo? Es muy frecuente oírlo decir: "¡No podré hacerlo!"

• El padre color gris cadavérico es indiferente hacia todo lo que pasa, tanto consigo mismo como con los demás. Es como si estuviera muerto. No le importa si su hijo usa drogas o no, si estudia o no. Piensa que ni siquiera Dios lo puede ayudar. Su frase más común es: "¡De nada sirve, no tiene caso!"

Todos los seres humanos nacieron para ser felices. Tan es así, que la primera coordinación mental de un bebé, cuando ya puede enfocar su mirada en la mirada de su madre o su padre, es sonreírles.

Esa señal en forma de sonrisa se presenta en el ser humano desde los tres años de edad.

Así,
es una orden biológica,
una virtud de sabiduría,
un privilegio de la naturaleza,
una dádiva divina:

¡SER FELIZ!

Glosario

A continuación presentamos un glosario de las palabras o expresiones que aparecen en el texto.

"aborresecencia": adolescencia agitada, que perturba a los padres.

adolescencia: periodo de maduración y desarrollo biopsicosocial, en el cual la persona se aparta de su propia familia para internarse en otros grupos sociales.

acoso: es el cruel y absurdo abuso del poder, bajo diversas modalidades, que ejerce el acosador sobre su víctima, haciéndola sentir molesta, indignada, pero paralizada, culpable, impotente y avergonzada, incapaz de reaccionar, y que generalmente sufre en silencio.

acoso cibernético: acoso realizado a través de Internet.

acoso moral familiar: cuando el acoso se presenta dentro de la familia, en el campo moral. Por lo común, el acosador es el adolescente, y sus víctimas son otros familiares, principalmente sus propios padres.

adolescentes retrógrados: son los que mienten, extorsionan, hacen lo que no se debe hacer, dejan todo para el final, no se responsabilizan de sus actos, no tienen disciplina ni ética, usan drogas, cometen transgresiones, piratean lo que consiguen, copian en los exámenes, no piensan en el futuro, etc.

adulto joven: etapa que abarca desde los dieciocho hasta la conquista de la independencia financiera.

alumno progresivo: en los diplomados o cursos de especialización, se interesa por todo, pues sabe que está de paso, y quiere aprender lo máximo posible de ese sector.

alumno retrógrado: falta a menudo, llega tarde, quiere salir más temprano, nunca tiene la culpa de nada y encuentra justificaciones para todo, haciendo a los demás responsables por sus fallas, ya que está ahí solamente de paso.

amor: es una nueva entidad, que se forma a partir del encuentro entre dos personas. No existe un manual de instrucciones que pueda seguirse. Es el vínculo afectivo que convierte la suma del ADN de dos personas en una realidad más fuerte que los intereses individuales de cada una de ellas.

amor de retribución: por un sentimiento de gratitud por todo lo que recibieron durante toda la vida de sus padres ya seniles, los hijos les retribuyen lo que tanto necesitan.

amor exigente: es el que exige agradecimiento y correspondencia al hijo adolescente, por lo que ya recibió de sus padres, más las prácticas, acciones y palabras que sean coherentes con sus actos.

amor generoso: es sentirse feliz por el solo hecho de atender las necesidades de un hijo completamente dependiente (bebé, enfermo, discapacitado, etc.), y procurar su bienestar.

amor maduro: entre padres e hijos, es una dedicación mutua en la cual el compañerismo adulto hace que la vida se comparta; en él, la felicidad reside en la unión y el deseo recíproco de ayudar al otro, la que refuerza los vínculos afectivos.

amor que enseña: el de los padres que transmiten valores, adecuaciones y adaptaciones relacionales y ciudadanía a sus hijos pequeños, durante su desarrollo.

aquí y ahora expandidos: es el aquí, abarcando toda la geografía del mundo interno y externo, y el ahora, abarcando todo el tiempo pasado y futuro.

atención integral: es la manera progresiva que tienen los padres de atender la solicitud de un hijo: suspenda lo que esté haciendo, escuche atentamente, perciba los mensajes no verbales, piense progresivamente y actúe, estimulando a su hijo a que actúe por sí mismo y ayudándole si lo necesita.

autonomía de conducta: necesidad del adolescente, generada por las hormonas de la pubertad, de procurar su individualidad, saludable para su desarrollo.

cambio de voz: señala el fin del "estirón" en los jovencitos, alrededor de los quince-diecisiete años.

ciudadanía familiar: es la práctica de una vida ciudadana dentro de la familia, respetando y haciendo respetar sus normas, para el bien común de todos sus miembros. Precede a la ciudadanía comunitaria y social.

competencia: es la capacidad de producir, de resolver problemas y de alcanzar objetivos; su eficacia se determina según el mayor o menor tiempo y recursos que sea necesario invertir para alcanzar una meta.

competencia esencial: capacidad de trabajo que se destina a alcanzar un objetivo determinado.

competencias transversales: son las capacidades que contribuyen de manera lateral a la competencia esencial.

compromiso: significa "ponerse la camiseta" de la empresa, sentirse responsable por sus éxitos y sus fracasos, defenderla de quien la ataca, viendo por el bienestar general. La empresa le importa en la misma medida en que él es importante para ella.

conocimientos: son informaciones en acción, es decir, tienen una aplicación práctica, teórica, comunicativa, artística, espiritual, y en muchas otras áreas y aspectos de la vida que pueden modificar lo que existe, crear algo nuevo, reinventar lo inventado e ir más allá de los límites conocidos, expandiéndolos en todas las dimensiones.

consultoría familiar: es una modalidad de la atención psicológica familiar, cuyo objetivo es hacer un diagnóstico de la situación familiar y sugerir caminos alternativos más saludables.

corajes: contrariedades, disgustos, frustraciones, injusticias; en fin, todo lo que cause daños materiales, psicológicos, familiares o sociales en una persona.

correo electrónico: emails, mensajes de celular, mensajes transmitidos por vía electrónica.

culpa jurásica de la madre: es la culpa que la madre siente por no haber estado al lado de sus hijos durante algún suceso, creyendo, con un sentimiento de omnipotencia, que si hubiera estado presente eso no hubiera sucedido.

"diarreas de coraje": eliminaciones intestinales de corajes que se tragan y se digieren; sin hacer distinciones, por ende, entre corajes y comidas.

disciplina: es una cualidad de vida y no un signo de autoritarismo; es un valor que debe aprenderse, desarrollarse y practicarse para alcanzar una buena convivencia social. Forma parte de la ciudadanía.

edad del grajo: cuando el muchacho ya produce espermatozoides, y se lanza frenéticamente en busca de una relación sexual, más interesado en probar su rendimiento que en el placer, sin importar con quién sea.

edad del monito: la de los púberes alborozados por la inundación de testosterona, que sienten deseos de tocarse los órganos sexuales y curiosidad por el sexo femenino, espían por las ranuras y cerraduras de las puertas, buscan información en revistas, televisión e Internet, enloquecidos por sus espermatozoides, y "pelándose la banana" diariamente.

educar: extraer la luz del conocimiento previamente existente en las personas.

espíritu emprendedor: es el conjunto de varias cualidades humanas, como competencia, iniciativa, ética, creatividad, valor, compromiso y responsabilidad en sus actos, especialmente los relativos al trabajo. Son cualidades que también se aplican en las demás áreas de la vida.

espiritualidad: el increíble poder de abstracción que lleva al ser humano a otras dimensiones, no accesibles a los animales.

estirón: un gran desarrollo físico, ocasionado sobre todo por el crecimiento de los huesos de las piernas. Generalmente, el muchacho crece hacia arriba y la muchacha en todas las direcciones: hacia enfrente (senos); hacia atrás (nalgas); hacia los lados (caderas), pero muy poco hacia arriba.

ética: debería de ser el oxígeno de nuestra conducta, para alcanzar la salud integral de la vida: esencial, aunque casi invisible. Lo que sea bueno para una persona tiene que ser bueno para todas las personas.

familia actual: es un núcleo afectivo, socioeconómico, cultural y funcional, con un espíritu de equipo, en el que conviven hijos, medios hermanos, hijos postizos, con padres tradicionales-progresistas-separados-vueltos a casar, y los nuevos compañeros de la madre o del padre.

fantaseo: entregarse a los sueños, por el placer de soñar, sin la mínima pretensión de transformarlos en realidad. Es como gastar el premio de la lotería sin haber jugado.

generación polizonte: es la etapa en la cual los universitarios, con su formación terminada, tienen ya hechas sus maletas, y sólo están esperando que surja una oportunidad de trabajo que los conduzca a la independencia financiera. Mientras esperan, viven como polizontes en la casa de sus padres.

generación *tween*: es una generación nueva, creada por la mercadotecnia para definir un nicho de mercado consumidor destinado a productos para niños entre ocho y doce años de edad. Los tweens se comportan como adolescentes pequeños: son inteligentes, les gustan los retos, los demás niños les parecen infantiles, y ya forman, dentro de sus limitaciones, pequeños grupos de amigos con los que se comunican intensamente por medio de Internet y teléfono celular.

"hacerse droga": cuando un objeto es intercambiado por droga por un usuario.

holding: es una empresa constituida por empresas diversificadas.

integración relacional: es una relación progresiva, en busca constante de mejoras, que sea excelente para todos los participantes, para las personas que estén cerca, y para la sociedad y para el planeta.

inteligencia hormonal: es el conocimiento de la manera en que funcionan las hormonas sexuales —testosterona, estrógeno y progesterona— en nuestra conducta, para el mejor disfrute y control de la vida sexual.

líder: es "la persona cuyas acciones y palabras ejercen influencia sobre el pensamiento y el comportamiento de los demás" (*Diccionario Houaiss*).

líder educador: el padre o la madre que logran que su hijo reaccione, logre sus objetivos, comprenda, se entusiasme y se comprometa a hacer de la mejor manera posible lo que puede hacer y lo que se tiene que hacer.

lenguaje del amor: un lenguaje que emplea principalmente los verbos ayudar, acompañar y admirar, en todos los niveles de relaciones progresivas entre personas conocidas.

malversación de dinero: disponer de dinero destinado a cosas específicas y usarlo para obtener beneficios personales, perjudicando a otras personas.

maternidad: forma de ser madre.

menarca: primera menstruación.

momento sagrado del aprendizaje: tiempo, por lo general corto, en que un niño se detiene para escuchar las explicaciones que el "maestro" le quiera dar.

mundo exterior: todo lo que una persona percibe, y todos aquellos con los que se relaciona. Todo lo que está fuera de ella, constituido por tres ejes: sus relaciones, sus actividades y su ecosistema.

mundo interior: todo lo que está dentro de una persona; está constituido por tres ejes: lo que piensa, lo que siente y lo que percibe del ambiente a su alrededor.

negociación: en este contexto, es todo lo que sucede en la relación entre dos o más personas a lo largo de la vida, sin frialdad mercantilista, pero tomando en cuenta los intercambios afectivos, de favores, de ideas, las inversiones en educación, etc.

negociador auxiliar: padre o madre o sucedáneo, que ayude a los niños y a otros miembros de la familia a resolver situaciones difíciles o injustas en sus negociaciones.

neurotransmisores: mensajeros bioquímicos que llevan mensajes de una a otra neurona, a través de las sinapsis, que son los puntos de contacto entre dos neuronas, ya que éstas no se tocan entre sí.

otroísmo: sutil modalidad del altruismo; amor que "le perdona" a un hijo lo que éste tiene que hacer, en un gesto de exagerada amabilidad y abnegación, que en vez de beneficiarlo acaba por perjudicarlo, porque lo convierte en un "yoísta".

padres progresivos: no establecen los deberes de los hijos, sino que los ayudan a que encuentren por sí mismos los mejores caminos, estimulando en ellos el compromiso, el espíritu emprendedor, la responsabilidad y la competencia. Son éticos y tienen un espíritu ciudadano.

padres retrógrados: son los que creen que siempre saben cuál es el mejor camino para sus hijos, y los cargan siempre para que no se cansen.

patrocinio paternal: el padre que financia todos los gastos de los negocios del hijo.

parada estratégica educativa: momento en que los padres prestan atención, rápida y eficientemente, a su hijo, en la carrera de la vida.

paternidad: manera de ser del padre. Es bastante evidente la evolución de la paternidad en los padres que todavía están aprendiendo el arte de estar presentes, afectiva y realmente, en la vida de sus hijos desde que son bebés. Algunos, incluso, han adoptado la modalidad de quedarse en casa con los hijos, mientras la madre sale a trabajar para mantener al hogar.

personas progresivas: son las personas dispuestas a ayudar, acompañar, admirar, aprender, enseñar, evolucionar, negociar, competir, defenderse, ser feliz, mejorar el mundo, vivir, etc.

personas retrógradas: las que siempre están dispuestas a maldecir, blasfemar, mentir, explotar, exagerar, engañar, chantajear, minimizar a los demás, sentirse superiores a ellos, extorsionar, despreciar, corromper, sabotear, violentar, robar, matar, etc.

piedra filosofal: fórmula secreta que los alquimistas intentaban descubrir para transformar los metales comunes en oro (*Diccionario Aurélio*)./ 1. Alq. Fórmula imaginaria para convertir cualquier metal en oro. 2. (Fig.) Algo muy raro y valioso que se trata de obtener en vano (*Diccionario Houaiss*).

piedra filosofal de las relaciones humanas globales: método educativo que el autor busca para transformar las relaciones retrógradas en progresivas.

polizonte adecuado: el que da prioridad a su búsqueda de empleo, y retribuye a sus padres lo que recibe de ellos.

polizonte agobiado: el que se pone a hacer los deberes de todos en la casa, pues se siente culpable de no encontrar trabajo.

polizonte explotador: el que se comporta en su casa como si fuera una visita aristocrática, y los demás (padres y hermanos) fueran sus sirvientes.

polizonte perezoso: el que no hace nada en casa, y les exige poco a sus padres.

principio educativo de coherencia, constancia y consecuencia: es uno de los principios del proyecto educativo "Quien ama, educa", que sostiene que los educadores deben ser coherentes, de manera constante, y tienen que establecer cuáles serán las consecuencias que se aplicarán en caso de que no se cumplan los acuerdos pactados.

proyecto educativo "Quien ama, educa": tiene como objetivo hacer del hijo un ciudadano de éxito y feliz, y que los padres lleguen a ser para los hijos materialmente innecesarios pero afectivamente importantes.

púberes con sentimiento de omnipotencia: son, principalmente, los púberes varones de alrededor de trece años; reaccionan contra todo y contra todos por sistema; siempre están de mal humor; regresan a casa con un ojo morado, pero felices por haber golpeado a alguien que habló mal de su mamá; más interesados en el desempeño sexual que en las relaciones afectivas.

pubertad: proceso biopsicosocial que marca el fin de la infancia y el inicio de la adolescencia, determinado por la producción de hormonas sexuales, cuyo primer signo es la aparición de los vellos púbicos.

rebeldía hormonal: la no aceptación, declarada y general, de cualquier sugerencia al púber o adolescente que provenga de los padres, basada en la fuerza de la testosterona.

red educativa: red de personas conformada por los padres para educar a sus hijos en su ausencia.

relaciones humanas perfectas: son dinámicas, actualizadas, equilibradas; comparten sentimientos positivos, con satisfacción recíproca; son interactivas con el medio ambiente y benéficas para la sociedad; en pocas palabras, son relaciones progresivas en busca constante de mejorar.

relaciones progresivas: las que mantienen dos personas progresivas. Su sentido es más ideológico que matemático.

relaciones verticales: aquellas compuestas por personas de diferentes niveles jerárquicos, que por lo general se denominan con nombres específicos: padre-hijo; jefe-empleado; profesor-alumno, etc.

religiosidad: a la gente le gusta la gente. El instinto gregario nos hace buscarnos unos a otros, pues existe una fuerza de unión entre las personas, una sensación que incluso precede al conocimiento de los demás. La religiosidad es anterior a la religión.

"salir por la puerta de atrás": salir de un lugar o situación ofendiendo, agrediendo, azotando la puerta, menospreciando lo que se recibió; en suma, "mordiendo la mano que nos dio de comer". Es salir peor de como entramos.

"salir por la puerta de enfrente": salir de un lugar, situación o relación con las cuentas claras, sin deber favores y sin que nadie nos deba nada, sin resentimientos ni sufrimientos, sin deseos de venganza ni corajes no resueltos. Es salir mejor de como entramos.

segundo parto: la fase de la adolescencia durante la cual el hijo emerge del seno de la familia para "caer" en la sociedad, en busca de su autonomía conductual.

semenarca: el inicio de la producción de espermatozoides (semen) durante la pubertad.

sentimiento de omnipotencia cibernética: sensación de inmenso poder que los cibernautas experimentan ante el teclado, protegidos por el anonimato virtual.

sentimiento de omnipotencia juvenil: es la fase en la cual el chico o la chica se sienten invulnerables; esta fase se presenta alrededor de la época de la mutación de la voz, en los varones, y de la menarca, en las muchachas.

sentimiento de omnipotencia provocado por las drogas: es el que siente el usuario de drogas, cuando cree que controla su consumo, que las usa porque quiere, y dejará de hacerlo en cuanto se lo proponga, negando la realidad que vive. Es como el borracho que intenta probar que está sobrio.

síndrome de abstinencia: conjunto de padecimientos ocasionados por la falta de droga.

síndrome del quinto año: conjunto de sufrimientos escolares que presentan los niños o jovencitos de quinto de primaria, por falta de madurez biológica.

síndrome de primero de secundaria: cuando el sentimiento de omnipotencia de la pubertad dificulta los estudios del muchacho, generalmente a los 13 años.

solidaridad: la capacidad que tienen los seres humanos de compartir alegrías y tristezas, victorias y derrotas, responsabilidades, necesidades, etc.

tercer parto: la fase en la cual el adulto joven abandona la dependencia económica y alcanza su autonomía financiera.

tiranía juvenil: imposiciones que los adolescentes ejercen sobre los padres, exigiéndoles su cumplimiento. Puede con facilidad transformarse en acoso familiar.

transgresiones domésticas: son transgresiones familiares cuyas consecuencias inmediatas pueden ser insignificantes, pero son un antecedente de las grandes transgresiones sociales.

valores superiores: son los valores humanos que trascienden los instintos animales, como amor, gratitud, ciudadanía, religiosidad, religión, disciplina, solidaridad, ética, etc. Para las religiones en general, el valor superior es Dios; para los ateos, el valor superior máximo es el amor, una de las formas de la religiosidad.

"vomitar corajes": eliminación de corajes que alguien se ha tragado, que salen revueltos con otros materiales gástricos.

"yoísmo": una modalidad sutil del egoísmo, en la cual la persona siente que no es querida por alguien, si siente que no cumple sus deseos. Para que exista es necesario el "otroísmo" de alguien, generalmente de la madre.

Bibliografía

Amen, Daniel G. *Transforme Seu Cérebro, Transforme Sua Vida*. São Paulo: Ed. mercurio, 2000.

Berenstein, Eliezer. *A Inteligência Hormonal da Mulher*. Rio de Janeiro: Objetiva, 2001.

Bernhoeft, Renato y Renata Bernhoeft. *Cartas a um Jovem Herdeiro*. Rio de Janeiro: Editora Nova Fronteira, 2003.

Chalita, Gabriel. *Pedagogia do Amor*. São Paulo: Editora Gente, 2003.

Coates, V.; G. W. Benzos y L. A. Françoso. Medicina do Adolescente. 2ª ed., São Paulo: Sarvier, 2003.

Coelho, Paulo. *O Alquimista*. Rio de Janeiro: Rocco, 1990.

Constantini, Alessandro. *Bullying: Como Combatê-lo?* São Paulo: Itália Nova Editora, 2004.

Costa, Moacir. *Mulher – A Conquista da Liberdade e do Prazer*. Rio de Janeiro: Ediouro, 2004.

Cury, Augusto. *12 Semanas para Mudar uma Vida*. Colina, São Paulo: Editora Academia de Inteligência, 2004.

Cury, Augusto. *Pais Brilhantes, Professores Fascinantes*. Rio de Janeiro: Sextante, 2003.

Doria Júnior, J. *Sucesso com Estilo: 15 Estratégias para Vencer*. São Paulo: Ed. Gente, 1998.

Drucker, Peter. *Administrando em Tempos de Mudança*. São Paulo: Ed. Pionera, 1999.

Fonseca Filho, J. S. *Psicodrama da Loucura*. São Paulo: Editora Ágora, 1980.

Gaiarsa, J. A. *O Olhar*. São Paulo: Ed. Gente, 2000.

Garcia, R. y P. Galileu Nogueira. *Teoria da Relatividade: 100 Anos*. Revista no. 161, Rio de Janeiro, Ed. Globo, oct. 2004.

Gardner, Howard. *Inteligências Múltiplas: A Teoria na Prática*. Porto Alegre: Artes Médicas, 1995.

Godri, Daniel. *Marketing em Ação*. Blumenau: Editora EKO, 1997.

Hirigoyen, Marie-France. *Assédio Moral: A Violência Perversa no Cotidiano*. 2ª ed. Rio de Janeiro: Bertrand Brasil, 2001.

Knobel, M. y A. Aberastury. *La Adolescencia Normal*. Buenos Aires: Editorial Paidós, 1974.

Kiyosaki, Robert y Sharon Lechter. *Pai Rico, Pai Pobre – O que os Ricos Ensinam aos Seus Filhos sobre Dinheiro*. Rio de Janeiro: Elsevier, 2000.

Marins, Luiz. *O Poder do Entusiasmo e a Força da Paixão*. São Paulo: Editora Harbra, 2000.

Martins, José Pio. *Educação Financeira ao Alcance de Todos*. São Paulo: Ed. Fundamento, 2004.

McGraw, Phil. *Family First*. Nueva York: Free Press, 2004.

Moreno, J. L. *Fundamentos do Psicodrama*. São Paulo: Editora Summus, 1983.

Mussak, Eugênio. *Metacompetência: Uma Nova Visão do Trabalho e de Realização Pessoal*. São Paulo: Ed. Gente, 2003.

Palermo, Roberta. *Madrasta – Quando o Homem da Sua Vida já Tem Fihos*. São Paulo: Mercuryo, 2002.

Pereira, Glória. *A Energia do Dinheiro*. 6ª ed., São Paulo: Elsevier, 2003.

Rangel, A. *O que Podemos Aprender com os Gansos*. São Paulo: Ed. Original, 2003.

Restak, Richard. *The New Brain*. E. U.: Rodale, 2003.

Robbins, A. y A. Wilner. *A Crise dos 25*. Rio de Janeiro: Sextante, 2004.

Rojas-Bermúdez, J. G. *Núcleo do Eu – Leitura Psicológica dos Processos Evolutivos Fisiológicos*. São Paulo: Ed. Natura, 1978.

Romão, César. *Tudo Vai Dar Certo*. São Paulo: Arx, 2003.

Savater, Fernando. *Ética para Meu Filho*. São Paulo: Martins Fontes, 1993.

Silva, Ana Beatriz B. *Mentes Inquietas*. Rio de Janeiro: Napades, 2003.

Silva Dias, V. R. C. e Içami Tiba. *Núcleo do Eu*. São Paul: Edición de los autores, 1977.

Spitz, René. *El Primer Año del Niño*. Madrid: Aguilar, 1966.

Tiba, Içami. *Adolescência, o Despertar do Sexo*. São Paulo: Editora Gente, 1994.

___. *Anjos Caídos*. São Paulo: Editora Gente, 1999.

___. *Disciplina: O Limite na Medida Certa*. São Paulo: Editora Gente: 1996.

___. *O Executivo & Sua Família*. São Paulo: Editora Gente, 1998.

___. *Pubertade e Adolescência* – Desenvolvimento Biopsicossocial. São Paulo: Editora Ágora, 1985.

___. *Quem Ama, Educa!* São Paulo: Editora Gente, 2002.

——. *Seja Feliz, Meu Filho*. São Paulo: Editora Gente, 1995.

Yamamoto, Edson. *Os Novos Médicos Administradores*. São Paulo: Futura, 2001.

Sobre el autor

Padres: Yuki Tiba y Kikue Tiba
Nacimiento: 15 de marzo de 1941, en Tapira, São Paulo.

1968 Se recibe como médico en la Facultad de Medicina de la Universidad de São Paulo – FMUSP.

1969 y 1970 Médico residente del Departamento de Neuropsiquiatría del Hospital de las Clínicas de la FMUSP.

1971 a 1977 Psiquiatra asistente del Departamento de Psiquiatría Infantil del Hospital de las Clínicas de la FMUSP.

1971 a 2005 Psicoterapeuta de adolescentes y consultor familiar en clínica particular.

1977 a 1992 Profesor de psicodrama de adolescentes en el Instituto Sedes Sapientiae, en São Paulo.

1995 a 2005 Miembro del Equipo Técnico de la Associação Parceira Contra as Drogas (Asociación Compañera Contra las Drogas) – APCD.

1997 a 2005 Miembro electo del Board of Directors of International Association of Group Psychotherapy.

2005 Presentador del programa semanal de televisión "Quien ama, educa", de la Rede Vida.

2003 a 2005 Consejero del Instituto Nacional de Capacitación y Educación para el Trabajo, "Vía de acceso".

• También ha sido profesor de diversos cursos y talleres, tanto en Brasil como en el extranjero.

• Es el creador de la Teoría de la integración relacional, sobre la cual están basadas sus consultas, talleres, conferencias y videos.

Libros publicados

1. *Sexo e adolescência*, 10ª ed., São Paulo, Ática, 1985.

2. *Puberdade e adolescência, desenvolvimento biopsicossocial*, 6ª ed., São Paulo, Ágora, 1989.

3. *Saiba mais sobre maconha e jovens*, 6ª ed., São Paulo, Ágora, 1989.

4. *123 respostas sobre drogas*, 3ª ed., São Paulo, Scipione, 1994.

5. *Adolescência: o despertar do sexo*, São Paulo, Gente, 1994.

6. *Seja feliz, meu filho*, 21ª ed., São Paulo, Gente, 1995.

7. *Abaixo a irritação: como desarmar esta bomba-relógio no relacionamento familiar*, 20ª ed., São Paulo, Gente, 1995.

8. *Disciplina: limite na medida certa*, 72ª ed., São Paulo, Gente, 1996.

9. *O(a) executivo(a) & sua família: o sucesso dos pais não garante a felicidade dos filhos*, 8ª ed., São Paulo, Gente, 1998.

10. *Amor, felicidade & cia.*, 7ª ed., São Paulo, Gente, 1998.

11. *Ensinar aprendendo: como superar os desafios do relacionamento professor-aluno em tempos de globalização*, 24ª ed., São Paulo, Gente, 1998.

12. *Anjos caídos – Como prevenir e eliminar as drogas na vida do adolescente*, 31ª ed., São Paulo, Gente, 1999.

13. *Obrigado, minha esposa*, 2ª ed., São Paulo, Gente, 2001.

14. *Quem ama, educa!*, 159ª ed., São Paulo, Gente, 2002.

15. *Homem-cobra, mulher-polvo*, 21ª ed., São Paulo, Gente, 2004.

16. *Adolescentes: quem ama, educa!*, 25ª ed., São Paulo, Integrare, 2005.

17. *Disciplina, limite na medida certa. Novos paradigmas*, São Paulo, Integrare Editora, 2006.

18. *Ensinar aprendendo. Novos paradigmas na educação*, São Paulo, Integrare Editora, 2006.

Este libro se terminó de imprimir en el mes de julio de 2009,
en Edamsa Impresiones S.A. de C.V., Av. Hidalgo No. 111,
Col. Fracc. San Nicolás Tolentino C.P. 09850, Del. Iztapalapa,
México, D.F.